HANS HEGE 1885–1983
Nach einem Porträt von C. Obenland

CHARLOTTE HOFMANN-HEGE

Eine goldene Spur

ERINNERUNGEN
AN HANS HEGE

Onkel v. Elisabeth Thiessen

EUGEN SALZER-VERLAG HEILBRONN

Zweite Auflage / 1986

© Eugen Salzer-Verlag Heilbronn 1984
Alle Rechte vorbehalten
Umschlaggestaltung: Christa Pohl
Satz und Druck: Offizin Chr. Scheufele, Stuttgart
Printed in Germany · ISBN 3-7936 0239 7

CHARLOTTE HOFMANN-HEGE
EINE GOLDENE SPUR

Inhalt

Zum Geleit	7
Auf Breitenau	9
Kindheit und Schulzeit	18
Der Heranwachsende	36
Der Weg ins erwachsene Leben	49
Der Erste Weltkrieg	63
In Hohebuch	75
Der Vater und seine Kinder	84
Die Dreißiger Jahre	92
Das Mutterle	103
Ernste Zeiten	114
Das Kriegsende	125
Die Stunde Null	139
Durch Höhen und Tiefen	149
In der Mitte des Jahrhunderts	155
Neue Aufgaben	165
Saat fürs Leben	174
Der Großvater	180
Halten und Hergeben	188
Geschenk des Alters	194
Gnadenzeit	200
Der Abschied	207

Zum Geleit

»Es ist ein Vorrecht, Hans Hege gekannt zu haben.«
So sagten und schrieben uns viele Menschen an jenem strahlenden Epiphanientag 1983, als wir Kinder unseren Vater auf seinem letzten Gang zum Waldenburger Friedhof (bei Schwäbisch Hall) begleiteten.
An seinem Grab standen Arbeiter neben Ministern und Präsidenten, Bäuerinnen neben Professoren und führenden Männern der Wirtschaft. Ganz zuletzt warf ein liebreizendes kleines Mädchen dem alten Vater ein selbstgemaltes, buntes Bild ins Grab hinein.
Die Zeitungen rühmten seine Verdienste um die deutsche Volkswirtschaft. Wertvoller aber war der Händedruck schlichter Menschen, wenn sie uns sagten: »Wir haben ihm Unendliches zu danken.«
Viel Gutes, das er im Verborgenen getan hatte, wurde jetzt erst offenbar. Manches werden wir nie erfahren.

»Es ist ein unmögliches Unterfangen, die Bedeutung dieser außergewöhnlichen Persönlichkeit, die Breite ihres Wirkens und die Tiefe der Spuren, die sie hinterläßt, auch nur zu skizzieren.« So sagte es in einem der Nachrufe der Landrat des Hohenlohekreises, und er drückte damit das Empfinden einer feierlich gesammelten Trauergemeinde aus.
Große Namen verklingen schnell, wichtige Taten werden von neuen Erfindungen überholt. Jeder Mensch ist ein Kind seiner Zeit mit all ihrer Vergänglichkeit.
Aber eben: *Wie* da einer, mit besonderer geistiger und sittlicher Kraft ausgerüstet, dieser seiner Zeit in seinem Schicksal begegnet, wie er seine Stunde erkennt und ihr

antwortet – das ist immer neu faszinierend und besitzt ein Stück weit zeitlose Gültigkeit.

Es ist etwas Großes, wenn ein Einzelner es wagt, entgegen allen Meinungen sein Denken und sein Handeln, Geist und Wirklichkeit in seinem Leben zusammenzubringen – und das inmitten einer Welt, die in ihrer Verwirrtheit zuweilen Zerfallserscheinungen zeigt.

Unser Vater ist oft um ein schriftliches Lebensbild gebeten worden. Er hat die Bitte stets abgelehnt.
»Wie blaß und nichtssagend nehmen sich Lebensdaten aus, wenn man sie mit der Wirklichkeit vergleicht!« sagte er. »Aber gerade dieses wirkliche Leben kann man nicht wiedergeben. Außerdem sieht man die Dinge vermutlich dabei eben so, wie man sie sehen möchte.«
Sein ihm angeborener Sinn für Wahrhaftigkeit erkannte die Grenze jeder Biographie.
Dennoch meinen wir, sein Leben gehöre uns nicht allein. Er selbst hat sich nie vorenthalten. Deshalb wollen auch wir es nicht tun, selbst wenn nur ein schwacher Widerschein seines Wesens aufleuchten kann. Er war voll Hoffnung auf die Entwicklungsfähigkeit des Guten im Menschen. Trotz genauer Kenntnis des Bösen in der Welt ließ er sich darin nicht irre machen und vertraute darauf, daß die Wahrheit immer wieder gehört wird.
Manches in seinem Leben war anders, als es heute üblich ist. Und so mag uns einiges davon altmodisch und vergangen erscheinen. Er selbst aber sagte einmal:
»Die Überprüfung des Vergangenen ist unerläßlich, wenn man Gegenwärtiges oder gar Zukünftiges gestalten will. Und jeder Einzelne unter uns bereitet schon heute das Klima vor für das, was morgen kommt.«
Seine Erzählungen, Aufsätze, Vorträge und Briefe sind von beglückender Offenheit gewesen, so daß ein Bild seiner mutigen Persönlichkeit, auch wenn es bruchstückhaft bleiben muß, gewagt werden kann. Dies soll so schlicht und so redlich geschehen, wie es seiner Art entsprach.

Auf Breitenau

Wie schön und reichgegliedert ist unser süddeutsches Land! Bei jeder Wegbiegung tut sich von neuem ein reizvolles Bild vor uns auf.

Einer der mir liebsten Aussichtspunkte ist der Blick von den Löwensteiner Höhen ins Weinsberger Tal hinunter. Bei aller Lieblichkeit hat die vor den zurückweichenden Wäldern sich öffnende Ebene etwas Großartiges. An klaren Tagen schweift das Auge über die unsichtbaren Einschnitte von Kocher, Neckar und Jagst bis zu den sanften Linien des Odenwaldes hinüber.

Man weiß nicht, wann es hier am schönsten ist: im duftenden Glanz der Frühlingsblüte oder im Goldschleier eines erntenahen Sommerabends, im zarten Blau eines Herbstvormittags während der Weinlese oder in der glitzernden Rauhreifdämmerung eines kurzen Winternachmittags. Vermutlich ist auch der junge Hölderlin vom benachbarten Lauffen am Neckar einmal hier herübergewandert, denn seine fast 200 Jahre alten Gedichtzeilen zeichnen bis zum heutigen Tag die Schau aus der Höhe nach:

> *Seliges Land! Kein Hügel in dir*
> *wächst ohne den Weinstock.*
> *Friedlich geht aus dem Walde*
> *der Hirsch ans freundliche Taglicht.*
> *Hoch in heiterer Luft*
> *siehet ein Falke sich um.*
> *Aber unten im Tal*
> *wo die Blume sich nährt von der Quelle,*
> *streckt das Dörfchen vergnügt*
> *über die Wiese sich aus.*

Es hat sich seit Hölderlins Tagen nicht allzuviel am Landschaftsbild geändert. Züge, Autobahnen und Fabrikschornsteine berühren kaum den Rand des Tales. Die auf dem Alten Hau erbaute Begegnungsstätte fügt sich schlicht und natürlich ein. Nur der von der Stadt Heilbronn künstlich angelegte See beim Hofgut Breitenau, das wir besonders im Auge haben, ist neu. Sonst aber ruht die Ebene, gestaltet vom Fleiß ihrer Bewohner, wie in alten Zeiten gelassen zu Füßen der bewaldeten Berge.

Dabei hat sie in ihrer mehr als tausendjährigen Geschichte allerlei Kriegsgeschrei erlebt. Wie viele Kurfürsten, Ritter und Heerführer stritten sich um das begehrte Tal! Da kamen Franzosen, Pfalzgrafen und Altwürttemberger, und im Bauernkrieg wurde das reizvolle Städtchen Weinsberg von drei Seiten zugleich angezündet. Die Pest brach aus, und im Jahr 1596 verzeichnete das Totenbuch des Bergstädtchens Löwenstein 375 Begräbnisse. Zwei Jahrzehnte später wälzte sich der Dreißigjährige Krieg abwechselnd mit Wallensteins, Tillys und Gustav Adolfs Truppen durch die Niederung. Bittere Hungerzeiten ließen die Leute auf dem Weg zusammenbrechen, man aß Eicheln, Baumrinde und Bucheckern. Dann wieder kamen fruchtbare Zeiten. Krieg und Frieden wechselten bis in die Mitte unseres Jahrhunderts hinein – und jeden Morgen erhob sich die Sonne über dem Tal, und jeden Abend ging sie hinter dem Neckarland unter, Hunderte von Jahren hindurch.

Vor meinem inneren Auge ersteht nun der Frühling des Jahres 1896. Das Hofgut Breitenau, im Besitz des Fürsten zu Löwenstein-Wertheim-Freudenberg, auf einer leichten Anhöhe gelegen, zeigt sich im ersten, zaghaften Blütenschmuck seiner über tausend Obstbäume. Ein zarter, kleiner, aber gewandter 11jähriger Junge mit einem abgetragenen Lederschulranzen auf dem Rücken schlüpft unter den Blütenbäumen hindurch, betritt den Hofraum, schlendert um Remise, Back- und Waschhaus, dreht fröhlich pfeifend noch eine Runde um den breiten Kastanienbaum, dessen junge Blätter sich aus den klebrigen Knospen zu schieben beginnen, und verschwindet dann im nachmittäglich ruhigen Wohnhaus. Es ist der kleine Hans Hege, der heute ausnahmsweise ohne seine Geschwister von Löwenstein kommt. Eigentlich sind Osterferien, aber er hat am Nachmittag noch einmal eine Extrastunde Latein beim Herrn Vikar gehabt.

Kurze Zeit später geht ein kräftiger Mann mittleren Alters denselben Weg von Löwenstein nach Breitenau. Er steigt auf dem Vizinalweg, dessen Schmutz sich bereits in Frühlingsstaub verwandelt, den Hügel zum Hof empor. Es ist der Lehrer Rommel, der die erweiterte Volksschule in guten Händen hält und dem es keine Ruhe läßt, ehe er vor Beginn des neuen Schuljahres nicht mit dem Domänenpächter Christian Hege einmal über den kleinen Hans gesprochen hat.

Rommel hat sie ja alle nacheinander auf der Schulbank gehabt, die vielen Hegeskinder. Zunächst die Mädchen, die wie Orgelpfeifen aufeinander gefolgt sind, manche von ihnen hochbegabt, zum Beispiel die Frida! Schade, daß es für Mädchen noch kein Hochschulstudium gibt! Nein, bei den Mädchen läßt sich nichts mehr machen. Aber den ältesten der Söhne, den müßte man weiter lernen lassen. Der 11jährige Hans ist, immer wieder einmal eine Klasse überspringend, nun ins letzte Schuljahr aufgerückt. Vater Staat verlangt aber eine 7jährige Schulpflicht und bei der Entlassung ein Mindestalter von 13 Jahren. Kann er, Rommel, es verantworten, dem Kerlchen zwei Jahre lang dasselbe Lernpensum zuzumuten? Hans hat reiche Gaben des Verstandes und des Gemütes, er ist zuverlässig und zielstrebig, aber im Grunde ist er halt ein Bub wie andere auch, manchmal recht verschmitzt und zu kleinen Streichen aufgelegt. Wird es ihm nicht langweilig werden in der Schule – und das in den kostbarsten Lernjahren des Lebens?

Oben angelangt zieht Rommel seine Taschenuhr. Er hat sich durch Hans beim Vater anmelden lassen, aber es ist zu früh. Er wird noch ein wenig hier oben verweilen, es ist schön auf der Anhöhe. Die handgesäten Felder stehen bereits in dichtem Grün, die Weinstöcke treiben aus, und am Wegrand duften wilde Veilchen.

Rommel geht im Bogen um den Hof herum. Deutlich abseits, hinterm Weiher, steht das sehr alte Scharfrichterhaus, von dessen Geschichte er neulich in der Heimatkunde erzählt hat. Wie aufmerksam hat der kleine Hans seine klugen, braunen Augen auf den Lehrer gerichtet gehabt! Denn wenn auch das niedliche Fachwerkhäuschen inzwischen von den Melkersleuten des Hofes bewohnt ist, so hat es doch seine eigene Geschichte. Ein Scharfrichter durfte nicht mit anderen Leuten zusammen wohnen. Und da war im Jahr 1750 eine Magd auf Breitenau gewesen, die wegen angeblichen Kindsmords und Diebstahls angeklagt und von der Tübinger Juristenfakultät zum Tode verurteilt worden war. Der Scharfrichter Hansjörg Fuchs vom Breitenauer Hof nahm die Exekution vor. Die Hinrichtung geschah oberhalb der Stadt Löwenstein. Nach einer Betstunde morgens um 7 Uhr wurde im Rathaussaal das Urteil verkündet und der Stab über der Magd gebrochen. Unter Begleitung der geistliche Lieder singenden Schuljugend wurde die Verurteilte zum Richtplatz gebracht und im Beisein einer großen Zuschauermenge mit dem Schwert enthauptet. Daß der Assistent des Scharfrichters nachher der gaffenden Menge den Kopf der Gerichteten umherzeigte, verschwieg Rommel, das war nichts für Kinderohren. Er fügte lediglich hinzu, daß die Geköpfte außerhalb der Kirchhofmauer verscharrt worden sei.

Neben dem Scharfrichterhaus liegt zwischen den Pappeln der hübsche Weiher. Gänse und Enten schnattern an seinem Ufer. Davor liegen die Gebäude des Hofes. Eine eigene reiche Welt ist es, trotz aller Mühen und Sorgen, in welcher der kleine Landwirtsohn aufwächst!

Rommel ist Beamter, die Sorgen eines unternehmerischen Landwirts sind ihm fremd. Aber in diesem Augenblick beginnt er zu verstehen, daß solch ein großer, wenn auch schwieriger Aufgabenkreis seine Lebenserfüllung in sich selbst zu tragen vermag.
Langsam geht er weiter; die breiten Scheunen werfen ihre ersten Schatten. Im Viehstall hat die Abendarbeit begonnen, er hört das Fluchen der Melker. Dem Chef dürfte das nicht zu Ohren kommen, denn in der ganzen Umgebung weiß man, daß auf Breitenau nicht geflucht werden darf.
Beim danebenliegenden Pferdestall wird bereits abgeschirrt. Rommel freut sich an den wohlgepflegten, glänzend gestriegelten Tieren. Es ist bekannt, daß man auf Breitenau mit Tieren gut umzugehen hat, besonders mit Zugtieren.
Hinter der großen, renovierten Zehntscheuer taucht nun das wohlproportionierte, behaglich geräumige Pächterhaus auf. Drüben im Garten nehmen zwei der größeren Töchter die gebleichte Wäsche vom Rasen, und soeben verschwinden ein paar flinke Buben im Haus. Sie haben ihren Lehrer entdeckt, und er weiß, daß sie ihn mögen. Aber es sind eben Hofkinder, zu scheu, um freimütig auf den Besucher zuzugehen und ihm die Hand zu geben.
Nicht ohne innere Bewegung nimmt der gütige Mann diese lebensvolle und doch in sich ruhende kleine Welt auf. Er denkt an das Wort eines weitgereisten Schulfreundes, der ihm einmal von der Ukraine erzählt hat: »Wenn du dort auf einen Hof kommst, und er fällt dir durch seine besondere Ordnung und den schönen Stand der Felder auf, dann kannst du sicher sein, daß er einer aus Deutschland ausgewanderten Mennonitenfamilie gehört.«
Auch Christian Hege ist Mennonit. Seit Rommel dessen Kinder im evangelischen Religionsunterricht hat, an dem sie selbstverständlich teilnehmen, ringt er darum, dieser eigenartigen kleinen Gemeinschaft gerecht zu werden. Hat es doch der mit 95 Prozent aller Stimmen in den Württembergischen Landtag gewählte Christian Hege

fertiggebracht, vor zwei Jahren bei seiner Vereidigung einfach nicht zu schwören! »Ihr sollt überhaupt nicht schwören«, so stehe es in der Bergpredigt; seine Konfession verbiete ihm den Eid. Und das Abgeordnetenhaus hatte das schlichte Jawort des gewissenhaften Mannes ohne Einspruch angenommen. Viele Zeitungen haben davon berichtet. Trotz allem, was ihn, den landeskirchlich-evangelischen Lehrer von der ihm manchmal engherzig anmutenden Lebensanschauung dieser Mennoniten trennt – er kommt nicht darum herum, Hochachtung vor so viel gesammelter, von Gottesfurcht geprägter Tüchtigkeit zu empfinden.

Aus dem Pächterhaus tritt nun Christian Hege, der den Gast bereits entdeckt hat. Seine Erscheinung nötigt Ehrerbietung ab: Über dem fast weißen Vollbart blicken zwei aufmerksame Augen dem Besucher ruhig und freundlich entgegen. Ein starker Ernst geht von der Haltung des untersetzten Herrn aus, der älter wirkt als seine 56 Jahre. Die beiden Männer kennen und schätzen einander längst, und im Ökonomiezimmer verliert Christian Hege seine Hemmungen, die er sonst immer hat, wenn er ein Gespräch in Gang setzen soll.
»Sie möchten mit mir über Hans reden?«
»Ja. Sie wissen, daß er inzwischen in der letzten Klasse angekommen ist. Man sollte ihn, ehe das neue Schuljahr beginnt, für die ihm noch verbleibenden zwei Jahre eine vertiefte Weiterbildung ermöglichen.«
»Und sie scheinen auch bereits einen Plan im Kopf zu haben?«
»So ist es.« Rommel tritt ans Fenster. »Dort drüben, rechts vom Alten Hau, ist das Lehrerseminar Lichtenstern. Sie kennen es. Ich habe Beziehungen dort hinüber. Könnte Hans, statt nach Löwenstein nicht genauso gut den etwa gleich weiten Weg nach Lichtenstern gehen?«
»Sie meinen also, er solle Lehrer werden?«
»Nein, das meine ich nicht. Hans würde nur hospitieren.

Ich vermute, daß er in unserer aufstrebenden Zeit sowohl für einen technischen als auch für einen wissenschaftlichen Beruf geeignet wäre. Denken Sie daran, was in dem Vierteljahrhundert, seit das Deutsche Kaiserreich besteht, nicht schon alles erreicht wurde! Der alte Herr Daimler und der Carl Benz kommen zügig voran mit der Entwicklung ihrer Benzinkutschen, die Elektrizität eröffnet ungeahnte Möglichkeiten, und der verrückte Graf Zeppelin wird eines Tages schon auch noch fliegen lernen, Sie werden sehen! Bald wird ein Hof wie der Ihrige ein eigenes Telefon haben, und Sie müssen nicht mehr nach Hösslinsülz hinunter. Es wird ungeheuer viel zu tun geben für einen Jungen wie Hans. Die Zeiten sind anders als früher, das dürfen wir jetzt nicht vergessen.«
Christian Hege zögert lange mit einer Antwort und dämpft dadurch Rommels Zukunftsbegeisterung.
»Ich kann mir meinen kleinen Sohn gar nicht recht vorstellen unter den großgewachsenen Seminaristen. Sie sind alle älter. Würde er, wenn er nur hospitiert, überhaupt etwas lernen? Freiwilligkeit – das ist so eine Sache in diesem Alter. Die Zeiten sind anders, gewiß. Sind sie auch besser? Würde Hans, aus der Gesinnung seines Elternhauses heraus, sich dort drüben wohl fühlen und einigermaßen durchsetzen können?«
»Das glaube ich bestimmt. Er weiß genau, was er will.«
Der Vater blickt dem Lehrer voll ins Gesicht. Er schweigt lange. Endlich erwidert er mit Bedacht:
»Wissen Sie, wenn der Hans einmal drüben ist im Seminar – dann wird er kein Bauer mehr.«
»Und wäre das so schlimm? Wir haben doch seit zehn Jahren unsere Kolonien! Die Landwirtschaft ist sowieso im Absteigen begriffen, seit der Reichskanzler Caprivi die Getreidezölle abgeschafft hat. Jetzt sind Industrie und Technik wichtiger als landwirtschaftliche Probleme. Unsere Kühe weiden am La Plata, heißt die Parole. Sie sind doch ein fortschrittlicher Mann, Sie schätzen das gewiß ebenfalls richtig ein.«

Christian Hege lächelt.
»So sehen *Sie* das! Ob derlei Parolen in Notzeiten standhalten, weiß ich nicht.«
»An Notzeiten brauchen wir jetzt nicht mehr denken, das ist vorbei.«
Der Landwirt beginnt eine abwehrende Haltung einzunehmen.
»Für mich wäre es schlimm, wenn ich den Hans nicht mehr zur Hilfe hätte, jetzt schon. Daß der Existenzkampf für uns Landwirte hart zu werden beginnt, gebe ich zu. Zur Zeit macht mir die neu aufgetretene Rebenkrankheit, die Perenospera, in unseren Weinbergen sehr zu schaffen, wir haben sie noch nicht im Griff. Aber ich glaube bestimmt, daß Hans auch unter sich verändernden Verhältnissen seinen ihm gemäßen Weg finden wird. Sie können sich nicht vorstellen, wie gut er schon kutschiert!«
»O doch, das kann ich mir denken. Aber Sie haben noch mehr Söhne, da wächst Ihnen gewiß einer nach.«
Der Ältere lehnt sich zurück und wirkt plötzlich sehr müde.
»Ob ich so lange warten kann? Ich fühle mich nicht mehr jung.« Nach einer langen Pause fährt er fast traurig fort: »Es hat noch andere Gründe, warum ich zögere. Es war noch vor Ihrer Zeit, als ich meinen Erstgeborenen im blühenden Alter von 21 Jahren an der Schwindsucht verlor. Hans war damals vier Jahre alt. Ich wollte aus meinem Ältesten etwas Besonderes machen und schickte ihn in ein mennonitisches Internat, wo er die Hochschulreife für die landwirtschaftliche Universität in Hohenheim erwerben sollte. Er ist krank nach Hause gekommen und starb nach wenigen Jahren. Habe ich zu hoch hinaus gewollt? Es hat sich seitdem die Überzeugung in mir gefestigt, daß wir Mennoniten als schlichte Landwirte an unserer Arbeit bleiben sollen, wie sie uns seit Jahrhunderten aufgetragen ist. Und das viele Wissen – ist es nicht manchmal auch eine Gefahr? Mir scheint der Geburtstag

von Hans an Lichtmeß als einem wichtigen Tag im Bauernjahr ein Hinweis zu sein, daß er für die Landwirtschaft bestimmt ist.«

Der Lehrer schweigt betroffen. Da ist sie wieder, diese festgefügte Lebensauffassung, gegen die alle verstandesmäßigen Einwände vergeblich sind.

»Ihren religiösen Überzeugungen darf und kann ich wohl nicht widersprechen«, sagt er schließlich. »Ich persönlich empfinde es als sehr schmerzlich, daß Hans nicht weiterlernen darf. Er ist mir ans Herz gewachsen. Nun, ich werde schon Mittel und Wege finden, ihm noch einiges beizubringen.«

»Kommt Zeit, kommt Rat. Wollen wir noch nach meiner Frau suchen?«

Frau Lenchen ist im Backhaus mit dem Ansetzen des Sauerteiges beschäftigt. Sie ist eine kleine, sehr rundliche, etwas blaß aussehende Endvierzigerin, trotz vieler Geburten noch mit vollem schwarzem Haar, das sie schlicht gescheitelt trägt. Sie begrüßt den Gast mit herzlicher, unbefangener Lebendigkeit. Was mit den Söhnen zu geschehen habe, meint sie, sei des Vaters Sache. Sie habe genug an ihren acht heranwachsenden Töchtern, die sie auszusteuern und zu tüchtigen Frauen heranzuziehen habe. Sie bietet dem Gast ein Glas selbstgekelterten Wein und frisch gebackenes Brot samt Hausgemachtem an. Hans wird gerufen und begrüßt respektvoll den verehrten Lehrer. Dann macht sich Rommel auf den Heimweg.

Ehe er die Anhöhe hinabsteigt, blickt er sich noch einmal um. Die Sonne verschwindet hinter den Rebenhügeln des Unterlandes. Auf dem Hof beginnt jetzt der Feierabend. Die im Taglohn Arbeitenden trotten müde in die umliegenden Dörfer nach Hause; die anderen finden sich zum bescheidenen Abendessen zusammen, das heute, wie oft, aus Sauermilch und Schalkartoffeln besteht. Im Garten sieht er noch die fünf Buben herumtollen, sie sausen über die mit Buchs eingefaßten Wege und spielen »Fangerles«. Hans macht die leichtesten Sprünge. Er ist wohl noch zu

klein, um von der Tragweite des heutigen Gesprächs irgend etwas richtig zu verstehen.
Nein, die Gedanken und Sorgen der Erwachsenen bekümmern den Jungen noch nicht. Täglich gibt es so viel Neues und Erforschenswertes zu beobachten. Er wird eines Tages schon etwas entdecken, was ihm als Lebensberuf Freude machen wird.
Später schreibt er:

> *Ich wollte ursprünglich nicht Landwirt werden. Mein Lehrer hatte mir andere Gedanken in den Kopf gesetzt. Aber der Vater meinte, wer, wie ich, an Lichtmeß geboren sei, diesem wichtigsten Termintag im Bauernjahr, der sei doch von vornherein für den Bauernstand bestimmt. Da der Vater damals im Landtag war, so blieb mir, als dem ältesten von fünf Brüdern, auch gar nichts anderes übrig, als zu Hause zu bleiben.*«

Eine schwerwiegende, schmerzliche Entscheidung im Leben des kleinen Hans ist gefallen. Die Wunde wird erst Jahre später zu brennen beginnen, aber ihr Weh wird ihn ein Leben lang begleiten.

Kindheit und Schulzeit

Es ist dem Vater Christian nicht leicht gefallen, seinem Sohn Hans höhere Schulbildung und Studium zu versagen. Um aber die eigentliche Ursache dieses Entschlusses zu verstehen, sollten wir einen kurzen Blick in die Geschichte seiner Familie werfen.
Das Familienwappen führt uns ins Mittelalter, in eine der schönsten Gegenden Europas, in die Nähe des Züricher Sees. Bei Winterthur in der Schweiz finden sich Burg und Dorf Hegi. Nach der Reformationszeit verkauften die Ritter von Hegi ihr Besitztum an die Stadt Zürich. Die Familie, die später wohl bürgerlich wurde, wanderte aus.

Diese Auswanderung hatte ihren Grund in einer eigenen Glaubensrichtung. Die Menschen dieser »confessio« suchten ihre Orientierung allein am biblisch überlieferten Evangelium. Sie vertraten einige Grundsätze, die weder mit der katholischen noch der reformierten noch der lutherischen Glaubenslehre vereinbar waren, wenigstens zu jener Zeit noch nicht. Sie nannten sich »Täufer«, weil sie auf der Erwachsenentaufe bestanden. Die größte Entscheidung des menschlichen Lebens, so sagten sie, sei die Entscheidung für den in Christus offenbar gewordenen Gott. Diese Entscheidung solle man als freier, erwachsener und mündiger Mensch in seiner Taufe treffen. Sie legten außerdem bei Gericht keinen Schwur ab, und sie verweigerten, dem Gebot der Nächstenliebe gehorchend, jede gegen Menschen gerichtete Handlung mit der Waffe, also auch der Kriegswaffe.

Die Maßnahmen, welche die Behörden gegen die »Täufer« erließen, müssen im Laufe der Zeit unerträglich geworden sein, so daß die betroffenen Familien ihre Auswanderung beschlossen. Die wenigen, die zurückblieben, wurden derart mißhandelt, daß manche noch während der Gerichtsverhandlungen zusammenbrachen und starben.

Wohin sollten die verfolgten Täufergemeinden ziehen? Kein Land wollte »Ketzer« aufnehmen! Durch Jahrhunderte hindurch durften sie weder Gewerbe noch Handel betreiben, und sie durften auch keinen Grundbesitz halten.

In ihrem Oberhaupt Menno Simons fanden sie einen gemeinsamen Zusammenschluß und nannten sich fortan »Mennoniten.« Den Berichten nach waren sie zu jeder Art Märtyrertum bereit. »Es geschahen Hinrichtungen, Ertränkungen, Gefangennahmen«, nicht wenige Täufer erlitten in Armut und Verfolgung den Hungertod. Durch Bescheidenheit, Tüchtigkeit und geordnete Lebensführung mußten sie sich ihre Duldung erringen.

Viele wanderten nach Amerika aus, wo sie sich teilweise

mit den Quäkern befreundeten und durch ihre weltweite Wohltätigkeit bekannt wurden. Bis heute halten einzelne Gruppen an ihren alten Lebensformen fest und verschließen sich allen Einflüssen der modernen Welt aus Furcht, Schaden an ihrer Seele zu nehmen. Auch in Holland wurden Mennoniten ansässig, der Maler Rembrandt war bei ihnen daheim. Andere wurden von Friedrich dem Großen nach Westpreußen und von Katharina II. nach Rußland in die Ukraine geholt.

Im August 1664, also einige Jahrzehnte nach dem Dreißigjährigen Krieg, erließ der Kurfürst Karl Friedrich von der Kurpfalz eine Konzession, wonach man »die Mennoniten im Lande dulden und ihrer Glaubensrichtung nichts in den Weg legen« solle, denn man brauche sie notwendig für den Wiederaufbau des verwüsteten Landes. Da sie vor allem Landwirte waren, wurde in Hessen 1778 beschlossen, »Mennoniten ins Land zu bringen, um ein gutes Exempel zur Nachahmung dem Landmanne zu geben«.

Die Grundherren bevorzugten die tüchtigen, aber niemals unterwürfigen Bauern und verpachteten ihnen gerne ihr Land. Manche der Pächter kamen durch ihren Einsatz bald zu einem gewissen Wohlstand. Dennoch wagten sie zunächst nicht, sich Eigentum zu erwerben, da sie sich ihres Bekenntnisses wegen stets im Aufbruch fühlten. Sie wurden auch von den Einheimischen als Außenseiter behandelt und wußten sich als die, welche keine bleibende Statt haben, immer auf der Wanderschaft.

Eine Geschichte voll Martyrium, Heimatlosigkeit und Armut, aber auch voll Wagemut, Durchhaltekraft und innerer Unabhängigkeit! Trotz allem Eigenwillen im verborgenen eine stolze, fast heroische Geschichte. Christians Wesen war bis ins Innerste davon geprägt.

Die Familien waren alttestamentlich groß, weil Kinderreichtum als Segen betrachtet wurde. Man übte das Laienpredigtamt (der Prediger sollte sich bemühen, Wort und Tat in Einheit zu leben.) Auch Christian erwarb sich

als junger Prediger schon früh ein umfassendes theologisches Wissen. Durch die Aufgabe des Predigtamtes reiften viele junge Mennoniten zu außergewöhnlich charaktervollen Männern heran. Da die Lebensdaten der Mennoniten nicht in die Kirchenbücher aufgenommen wurden, legten die einzelnen Familienväter ein Hausbuch an, in das sie wichtige Ereignisse notierten.
Christians Hausbuch beginnt:
Herr, züchtige mich, doch mit Maßen, damit ich nicht gar umkomme. (Jer. 10.)

Ich, Christian Hege, wurde 1840 auf dem Oberbiegelhof bei Rappenau geboren. Meine Eltern hatten das gräfliche von Helmstatt'sche Gut in Pacht. Wir waren 16 Geschwister. In Obergimpern erhielten wir sorgfältigen Volksschulunterricht. Wir Söhne wurden zu Landwirten bestimmt, obwohl ich damals große Neigung hatte, etwas anderes zu werden.
1867 wurde die Pachtung Breitenau frei. Da ich sie übernehmen sollte, war ich genötigt, mich um eine Gattin umzusehen. Nach anhaltendem, herzlichem Gebet um Gottes Führung entschloß ich mich, um die einzige Tochter des verwitweten Daniel Becker zu Branchweilerhof in Rheinbayern zu werben.
Im Juni 1867 fand unsere Verlobung statt, und am 15. Oktober gleichen Jahres feierten wir unsere Hochzeit.

Magdalena Becker, von den Verwandten »Lenchen« genannt, war zwanzig Jahre alt, als ihr Bräutigam sie mit der Kutsche vom Bahnhof abholte um ihr erstmals den künftigen Wirkungskreis zu zeigen. Das lebhafte Pfälzer Kind, das seine eigene Heimat bei Neustadt als den »Himmel auf Erden« bezeichnet hat, war trotz allem freudig überrascht von der weiten und doch freundlichen Landschaft und den gut instand gesetzten Hofgebäuden. Da man einem mennonitischen Mädchen keine überflüssige Ausbildung zukommen ließ, konnte sie zwar gut lesen und schreiben und auch Klavier spielen, aber ansonsten war sie von einer schlichten, getrosten Frömmigkeit, die manche später als »naiv« bezeichnet haben mögen. Sie besaß ein angeborenes Geschick für alle praktischen Arbeiten, kochte, handarbeitete und buk mit Talent, auch besaß sie den sogenannten »grünen Daumen«, alle Pflanzen gediehen unter ihrer Hand. Ihre unverdrossene Tapferkeit und eine Anlage zum Humor sollten ihrem Mann eine große Hilfe werden.

Bei der Hochzeit konnte der Bräutigam mit beiden Händen ihre Taille umspannen. Dies sei erwähnt, weil später nie mehr jemand auf solch einen Gedanken gekommen wäre.

Wie gut, daß man nicht in die Zukunft blicken kann! Hätte die unerfahrene junge Frau womöglich gezögert, ihren Fuß über Breitenaus Schwelle zu setzen? Denn Christians Hausbuch fährt fort:

Am 3. Juli 1868 ist uns ein Sohn, Christian, geboren. Die Geburt war sehr schwer und gefährlich.
Am 4. Juli 1869 schenkte uns Gott ein Töchterchen Maria.
Am 11. September starb es und wurde in Löwenstein beerdigt.
Am 22. Juli 1870 wurden wir durch die Geburt eines Mädchens erfreut, das den Namen Anna erhielt. Gerade vier Tage vorher war die französische Kriegserklärung erfolgt und wir waren deshalb in großer Sorge. Dieser schlimme Krieg brach dann auch bald aus und wälzte sich mit ungeheuren Verlusten nach Frankreich hinüber. Bis heute sind wir gnädig durchgekommen.

Das Hausbuch reiht jährlich erfolgende Geburten aneinander. Es scheint aber, daß dennoch jedes Kind als kostbare Gottesgabe willkommen geheißen wurde. So berichtet die Chronik etwa bei der Geburt des 10. Kindes:

Am 1. Januar 1880 nachts um 12 Uhr wurde uns zu unserer großen Freude ein Mädchen, Frida, geschenkt.

Erst jenseits Lenchens vierzigstem Jahr wurden die Abstände der Geburten größer. Sie hat danach noch drei besonders begabten und charakterlich ausgeglichenen Söhnen das Leben geschenkt: dem Sohn Rudolf, der zusammen mit seinen Kindern ein schweres Leben würdig meisterte und dem Sohn Friedrich, der ein Alter von 90 Jahren erreichte und als Oberlandwirtschaftsrat vielen Bauern mit Rat und Tat beigestanden hat. Schließlich, drei Wochen vor der Silberhochzeit, kam noch der Sohn Wilhelm zur Welt, der ein bedeutender Ingenieur wurde.

»Die Hand an der Wiege bewegt die Welt.« Ob man der Mutter diese unbegreifliche Lebensleistung je gedankt hat? Zu ihren Lebzeiten bestimmt nicht. Manchmal mag sie heimlich geseufzt haben über die pausenlosen Segnungen. Es ist jedoch verbürgt, daß sie nie jammerte, sondern an jeder Situation noch eine gute Seite herausfand.
Auf ihrer Bettkommode brannte allnächtlich ein Öllämpchen. Das Anzünden einer Kerze wäre zu umständlich und zu gefährlich gewesen. Arzt und Hebamme wohnten weit. Von Auto und Telefon wußte man nichts. Lenchen fand, daß es wohl besser und billiger sei, sich selbst um medizinische Kenntnisse zu kümmern. Sie hat sich mit der Zeit ein beachtliches naturheilkundiges Wissen angeeignet und brachte, außer dem Zweitgeborenen, alle neunzehn Kinder durch die ersten Jahre.
Manchmal mag es freilich recht kunterbunt zugegangen sein. Lenchen half sich, indem jede der Töchter, sobald sie aus dem Gröbsten herausgewachsen waren, einen kleinen Bruder zur Erziehung anvertraut bekam.
Christians Hausbuch fährt fort:

Am 20. September 1880 hat es dem Allmächtigen gefallen, uns unseren lieben Ulrich durch den Tod zu entreißen. Er war nur wenig unwohl gewesen; vermutlich war das damals grassierende Scharlachfieber im Anzug, das aber nicht zum Ausbruch kam. Er klagte über Kopfschmerzen, erbrach,

glaubte aber selbst, daß er bald wieder aufstehen könne. Da bekam er plötzlich Krämpfe und starb nach einigen Stunden. Unser Schmerz war groß. Ulrich war ein gesundes, munteres und fröhliches Kind von fünf Jahren, dabei sehr verständig, guten Herzens und gehorsam.
Gott der Herr allein weiß, was uns gut ist. Und so gebe er uns Gnade, uns in kindlichem Glauben und Gehorsam in seinen heiligen Willen zu fügen und uns in der Hoffnung zu trösten, daß wir einander am Tag der Auferstehung in ungetrübtem Glück wiedersehen.

Dieses Geschehen wirft einen bewegenden Blick in das Herz des vierzigjährigen Mannes, der den Schmerz um den Verlust seines Bübchens nie überwand, so daß er von da an mit seinen Aufzeichnungen abbrach und auch in Zukunft keine einzige Zeile mehr in sein Hausbuch schrieb.
Neun Jahre später – 1889 – starb, wie schon erwähnt, der älteste Sohn Christian, den der Vater zu seinem Nachfolger bestimmt hatte, an der Schwindsucht. Man wußte damals über die Tuberkulose nur ungenügend Bescheid. Waren die Geschwister bereits angesteckt? Und der kleine Hans mit seinen Brüdern, die ahnungslos um den im »Öhrn« stehenden Sarg krabbelten – mußten sie eines Tages nicht auch erkranken?
Christian und Magdalena, schwer getroffen von diesem neuen Schicksalsschlag, setzten ihre ganzen Kräfte in die Führung des Betriebes und die Erziehung ihrer Kinder. Ihre Bemühungen blieben nicht ohne Erfolg: Breitenau erhielt eine gewisse Berühmtheit. Christians selbstkonstruierter Weinbergpflug wurde patentiert, lange Jahre von der Firma Eberhard in Ulm gebaut und bei einer der ersten Ausstellungen der Deutschen Landwirtschaftsgesellschaft unter Beisein ihres Gründers Max Eyth in Straßburg mit viel Erfolg vorgeführt. Bald wurde der angesehene und unternehmende Landwirt auch in den Württembergischen Landtag gewählt, obwohl er es ab-

lehnte, Wahlreden zu halten oder einer politischen Partei beizutreten.

Über die Geburt seines Sohnes Johannes, Hans genannt, am Lichtmeßtag, dem 2. Februar 1885, hat sich Christian wohl besonders gefreut. Er war der erste Sohn nach einer langen Reihe von Mädchen.

»Sieh nur, was für ein wunderschönes rundes Köpfchen das Kind hat«, sagte er zur Mutter, als er die kleine Öllampe über die Wiege des Neugeborenen hielt. Er hat auch später, wie Hans sich gerne erinnerte, oft über das wohlgeformte Köpfchen gestrichen. Christian mag einen gewissen Ersatz für seinen Erstgeborenen und den verstorbenen Ulrich in ihm gesucht und gefunden haben. Es läßt sich von daher ganz gut verstehen, warum er gerade diesen Sohn später nicht von seiner Seite lassen wollte. Er hatte Angst, auch ihn zu verlieren.

Viele Jahre später schreibt Hans:

Es ist etwas ganz Alltägliches, daß ein Mensch geboren wird. Aber es scheint nur so. Wir wissen genau, daß bei aller Alltäglichkeit des Geschehens es etwas Besonderes ist, wenn ein Mensch in diese Welt eintritt. Wenn er nun einfach da ist – er, der doch vorher nicht da war.

Nur einer merkt es zuletzt, daß da etwas Besonderes geschehen ist: der zur Welt geborene Mensch selbst. Er braucht Jahre, bis er dazu erwacht ist. Dann freilich nimmt er sich überaus wichtig und ist bestrebt, sich in der Welt durchzusetzen. Auch das ist notwendig und dem Menschen wohl als Anlage mitgegeben. Aber für die Eltern ist es ein Anliegen, daß da nicht ein Mensch heranwächst, der sich selbst in den Mittelpunkt aller Dinge stellt. Diese Gefahr ist geringer, wenn man, wie ich, im Kreis von vielen Geschwistern aufwächst und Eltern hat, die Gegenstand der Verehrung dieser Schar sind. Diese charaktervollen Eltern und dieser große Geschwisterkreis sind etwas, das ich in den wesentlichen Dingen, die mein Leben bestimmt haben, an die erste Stelle setzen möchte.

(Aus einer Geburtstagsrede)

In welch riesiger, quicklebendiger Kinderstube hat sich doch der kleine Hans beim Eintritt ins bewußte Dasein vorgefunden!

Schon rein räumlich war es eine übergroße Stube. Aber noch vielfältiger waren die verschiedenartigen Strömungen, die hindurchzogen. Der alte Pestalozzi, als erster die entscheidende Bedeutung der »Kinderstube« erkennend, hätte seine helle Freude daran gehabt. »So ist Gottes Ordnung«, sagt er, »daß die Menschheit das Wichtigste in der Wohnstube lerne.«

Im Winter spielte sich das Leben der Kinder fast nur dort ab. Am großen Ecktisch machten die älteren Schwestern ihre Schulaufgaben, in der anderen Ecke hatten die kleinen Brüder ihre Holzbauklötze, und in die Nischen bei den Fenstern zogen alle paar Wochen andere Handwerker ein: einmal war es der Sattler, der das Pferdegeschirr, die Schulranzen der Kinder, die Matratzen oder die Polster der Kutschen ausbesserte. Dann breitete sich der Schuster aus, der die vielen Kinderschuhe zu besohlen oder neu zuzuschneiden hatte; danach reiste die Hausnäherin an, um aus einem großen Ballen karierten Baumwollstoffs einfache Kleider, Schürzen und Hemden für Mädchen und Buben zu nähen, Haushaltswäsche auszubessern oder das Bettzeug nachzusehen. Hans schreibt von solch einem Wintertag:

Ich habe noch den Duft in der Nase, wenn sich da alles in die geheizte Winterstube drängte, mit Kleidern und Überkleidern voll mit Gerüchen von Dreschstaub, Stalldunst, Miststiefeln, Most und Schnaps. Die Menschen von heute, die in zentralgeheizten Stuben schlafen, wissen gar nicht mehr, was ein Winter früher bedeutete!

(Aus einem Brief)

Am Samstagabend wurde die Stube ausgefegt und aufgewaschen, und sobald sie abgetrocknet war, breitet die

Mutter weißen Stubensand über die Holzdielen. Und eine der ersten Erinnerungen des kleinen Hans sind seine zaghaften Schrittchen in das weiße Land hinein, in seliger Sonntagsvorfreude.

Schon in den allerersten Lebensjahren lernt solch ein Kind unter vielen Geschwistern, was andere in einem ganzen Leben nicht erreichen können: da ist die Auseinandersetzung mit den verschiedenen Temperamenten schon von klein auf. Fritz reagiert auf das Umwerfen der Bauklötze erschreckt und traurig, während Philip sofort energisch zurückschlägt. Man erfährt sehr früh seine Grenzen, übt Diplomatie und Umgänglichkeit, muß aber auch lernen, seinen Platz zu behaupten. Man muß seine eigenen Spielsachen in Ordnung halten und achtgeben, daß die anderen sie nicht zerstören; man wird angeleitet, gegen Kleinere und Schwächere stets ritterlich zu sein, und man erkennt, daß man sich von den Großen helfen lassen muß, weil man nie alles alleine kann.

Die Großen – das sind die Schwestern, und Hans wächst damit auf, daß Mädchen etwas können, daß sie fleißig sind und daß es ohne sie nicht geht; daß sie lesen, schreiben, rechnen und singen können und daß sie gute Noten von der Schule heimbringen. Sie erzählen Geschichten und Märchen und können lange Gedichte auswendig, sie entknoten jeden Schuhnestel und sehen sofort jedes Loch im Strumpf. Man kommt gar nicht auf den Gedanken, Buben seien bedeutender als Mädchen.

Und die Mutter in der Kinderstube? Sie war nicht häufig zu sehen, denn sie hatte außer der ständigen Säuglingspflege (sie stillte jedes Kind) überviel zu tun im Haus, Garten und Vorratshaltung. Dennoch wohnte ihr Wesen immer mit im Zimmer. Sie muß eine starke Natur gewesen sein, stark auch im Verzicht auf manche Dinge, die sonst einer Frau begehrenswert und notwendig erscheinen. Ihr Vorbild leitete die Mädchen an: die größeren hatten bereits tüchtig in der Wirtschaft mit anzufassen, und die jüngeren erhielten jeweils einen kleinen Bruder zur Pflege. Hans bekam seine Schwester Martha als Mütterchen. Sie war ein besonders hübsches Kind. Er schreibt:

Meine Lieblingsschwester Martha war nur vier Jahre älter als ich, das will mir, von heute aus gesehen, kaum glaubhaft erscheinen. Sie war, wie es bei Mädchen wohl die Regel ist, viel reifer als ihre Jahre. Sie hat viele guten Geister in mir geweckt. Ich habe ihr Unendliches zu danken.

(Aus einem Brief)

Wenn er später einmal eine geschickte Schleife band oder sich nach einer Schmutzarbeit Gesicht und Hände wusch, sagte er:
»So hat es mich meine Schwester Martha gelehrt.«
Und man sah hinter seinen Handgriffen im Geist das kleine, gewissenhafte Mädchen vor sich, wie es das Brüderlein anleitete.
Wenigstens einmal am Tag betrat auch der Vater die Stube. Er sah stets nach den Handwerkern, sprach freundlich mit ihnen und bot ihnen eine Prise aus seiner silbernen Schnupftabaksdose an. Das muß eine Ehre gewesen sein; verwundert schaute der kleine Hans den Bewegungen der Erwachsenen zu. Er besaß eine besondere Gabe der Beobachtung. So lernte er auch schon ganz früh die charakterliche Verschiedenartigkeit der Menschen kennen: einige der Handwerker begannen erst so richtig loszulegen, wenn Vater oder Mutter die Stube betraten, andere wiederum arbeiteten in ruhiger, steter Treue, ohne Rücksicht auf Anerkennung und Lob; sie arbeiteten als freie Menschen und nicht als Knechte.

Als Hans groß genug war, durfte er von der Haustür aus die Vorgänge im Hof beobachten. Sein besonderes Entzücken galt den verschiedenen Wagenrädern, wenn sie liefen und wenn sie standen. Das erste Erlebnis des Kreises und seiner wunderbaren Möglichkeiten muß ein unge-

heurer Eindruck für den kleinen Buben gewesen sein. Im Hof waren auch Pferde, Kühe und Hühner, Küchlein und Kätzchen – und manchmal böse, böse Gänse!
Später durfte er mit dem Vater aufs Feld und in die Weinberge.
»Ich sehe dich noch«, schrieb ihm seine Schwester Johanna, »wie du als 4jähriger hinter dem Vater herliefst, mit den Händchen auf dem Rücken und immer wieder einen Hopser machend, damit du nachkämst.«
Einmal hatte der Vater einen Raben geschossen, der mit seiner Schar die Frühjahrssaaten heimsuchen wollte. Er trug den toten Vogel hinter den Weiher, um ihn dort zu vergraben.
»Hat der liebe Gott auch ein Gewehr?« fragte Hans.
»Nein, der liebe Gott braucht kein Gewehr.«
»Was macht er dann, wenn er will, daß der Rabe keine Saaten fressen soll?«
»Er sagt: ›Fall nieder!‹ Und dann fällt der Rabe auf den Boden.«
Der Kleine fand, daß der liebe Gott das Wort »fall nieder« entschieden nicht oft genug sagte. Man mußte viel darüber nachdenken. Die Raben waren hungrig. Wenn der liebe Gott so viel Macht hatte, warum machte er dann überhaupt Hunger und Durst, warum machte er unnütze Raben? Man kam an kein Ende mit dem Nachdenken. Aber wenn man weiter fragte, sagte der Vater höchstens: »Gottes Weisheit ist so groß, daß wir kleinen Menschen ihn nie ganz verstehen können. Und deshalb möchte er, daß wir ihm ganz schlicht vertrauen. Er weiß schon, wie es am besten ist.«
Sein Leben lang ist Hans ein Fragender geblieben. Es war aber nie das Fragen eines Rebellischen, eines Neidischen oder eines Fordernden, sondern stets das staunende und demütige Fragen eines Ehrfürchtigen. Und deshalb mag ihm in seinem Alter auch auf manche seiner Fragen wenigstens ein Stück weit eine Antwort zuteil geworden sein.

Sobald Hans vernünftig genug war, um einfache Handreichungen zu tun, wurde er zu kleinen Pflichten herangezogen. Er hatte der Mutter das Kerzenlicht zu halten, wenn sie allwöchentlich im Keller die Sauerkrautständer abwusch, er durfte den Schwestern beim Putzen der Petroleumlampen helfen, er beaufsichtigte die Bleichwäsche im Garten, damit kein Vogel oder kein sich verlaufendes Huhn das blendende Weiß beschmutzte. Beim Seifekochen hatte er der Mutter Meldung zu machen, wenn die Masse im Kessel überschäumen wollte. Hans fand es schön, gebraucht zu werden, und er gab sich Mühe, seine Pflichten gewissenhaft zu erledigen. Und gerade deshalb wurde er auch immer wieder gebraucht.
Den ganzen Tag über gab es Neues zu entdecken, in jeder Jahreszeit etwas anderes. Auf dem großen Betrieb wurde geschlachtet und gebacken, gepökelt, geräuchert und Schmalz ausgelassen. Es wurden Eier eingelegt, Marmelade gekocht, gebuttert und Käse gemacht, entsaftet, gekeltert und gemostet. Die großen Schwestern standen täglich am Waschtrog, im Backhaus oder in der Küche, und man konnte sie alles fragen. Sie gaben willig und sorgfältig Auskunft.
Im Sommer hielt sich Hans viel im Stall auf, beobachtete die Kühe beim Melken und Widerkäuen, spielte in der Scheune mit den Kätzchen und fand Eier im Heu. Besonders erlebnisreich war es im Pferdestall, wo er beim Ein- und Ausschirren zusah. Auch der tägliche Gang zur Quelle im Tal war nötig. Man brauchte frisches Trinkwasser; die Wasserleitung wurde erst Ende der neunziger Jahre gebaut.

Eines Tages konnte er den älteren Schwestern in die Schulhefte spicken. Dem kleinen Mann erschloß sich eine neue, großartige Welt, die Welt der Buchstaben und Zahlen.
Etwas ganz besonders Schönes gab es im oberen Stockwerk. Es war eine alte Hausorgel, deren Elfenbeintasten

so durchgespielt waren, daß in der Mitte das blanke Holz herausschaute. Aber die Kinder wußten sich zu helfen: sie schlüpften mit ihren winzigen Fingern in die Löcher und entlockten dem wurmstichigen Instrument die lieblichsten Melodien. Musikalisch waren sie alle, und es wurde auch viel gesungen im Haus. Hans erzählt:

> *Abends wurde oft gesungen, an Regentagen auch Samstagnachmittags. In dieser Zeit konnte dann Mama ein wenig ihre Ruhe haben, denn wir sangen mit dem Vater. Er spielte Choräle und Volkslieder. Wie hatten wir Kleineren Herzklopfen, wenn er die einzelnen Stimmen prüfte, ob man auch richtig sang!*
> *Bei gutem Wetter gingen wir am Sonntagnachmittag spazieren. Alles, was laufen konnte, ging mit, den Heuweg hinunter der Sulm entlang, den Weilerweg hinauf. Es waren herrliche Spaziergänge, die mir immer sofort einfallen, wenn ich an meine Kindheit zurückdenke.*
> (Aus einem Brief)

Eine besondere Zeit war immer die Getreideernte. Da kamen vom Mainhardter Wald die Schnitter herunter, Saisonarbeiter, die mit Wald- und Feldarbeit ihr Auskommen verdienten. Es waren herbe, bescheidene Menschen. Morgens um drei Uhr begann man mit dem Getreideschneiden, das Dengeln der Sensen tönte weit hinaus ins Land. Der Sommer war kurz, die Tage mußten vom Sonnenaufgang bis zum Untergang genützt werden. Anschließend wurde das gemähte Getreide mit Sicheln aufgenommen, in Garben gebunden und zu »Puppen« aufgestellt, bis es so trocken war, daß man es in die Scheunen einführen konnte. Gedroschen wurde im Winter, zunächst noch mit Dreschflegeln, später mit einer Dreschmaschine, die von einer mit Kohlen beheizten Dampfmaschine angetrieben wurde. Es war in der Tat so, wie es Theodor Schütz in seinem Gemälde »Während der Ernte« festgehalten hat. Hans hat es später in der Stuttgarter

Staatsgalerie immer lange betrachtet, auch noch, als überall im Lande schon die Mähdrescher liefen.

Im Herbst begann die Weinlese, bei der alle Kinder mithalfen, sei es auch nur, daß sie beim Braten der Würste über dem Holzfeuer Wache hielten.

Der Winter war lang und mühsam, aber es gab in ihm das Weihnachtsfest, das mit so vielen Kindern zusammen eine besonders geheimnisvolle Zeit war. Die Mutter verstand sich auf die Herstellung ausgezeichneten Backwerks, und auch wenn sich die Kinder in den Adventswochen meist nur mit dem Duft begnügen mußten, so war es trotzdem wunderbar.

An einem Heiligen Abend schlüpfte Hans, während sich der stattliche Geschwisterzug durch die offene Tür auf den strahlenden Christbaum zubewegte, nochmals durch die Haustür ins Freie: ein einziges Mal wenigstens wollte er das Christkind sehen. Aber da waren nur die Sterne, wie jeden Abend.

»Grad eben ist's um die Ecke geflogen!« flüsterte eine der Schwestern, die den Ausreißer ins Weihnachtszimmer zurückholte. Ach, es war doch ein rechter Kummer mit dem menschenscheuen Christkind! Wie gerne hätte man ihm von Herzen gedankt!

Wenige Wochen nach seinem 6. Geburtstag, im April 1891, kam Hans in die Elementarschule im Dörflein Hösslinsülz, drunten im Tal. Er wog 36 Pfund und war der zierlichste unter seinen Mitschülern. Wie staunten die anderen Kinder aber, als nach kurzer Zeit der Lehrer, der seinen Kleinsten sorgfältig beobachtet hatte, mit dem Lesebuch anrückte:

»Sag mal, kannst du eigentlich schon lesen?«

Er wies auf einen Satz, dessen wunderliches Geschachtel Hans ein Leben lang behalten sollte. Fließend las er:

»Gotthold sah eine Biene, wie sie, um ein Gefäß, mit Honig gefüllt, schwebte, bis sie endlich, vermeinend, sich darauf zu setzen und mit aller Lust sein zu genießen, hin-

einfiel und elendiglich darin umkommen und verderben mußte.«
»Könntest du den Satz auch schreiben, Hans?«
»O ja!«
»Und wie steht es mit dem Rechnen? Das kleine Einmaleins?« Auch das war kein Problem, er hatte es oft genug von den Schwestern gehört.
»Was kannst du denn noch alles, du Tausendsassa?«
In bescheidenem Stolz erwiderte der Kleine:
»Die Nebenflüsse links und rechts des Neckars.«
Freundlich verwundert schüttelte der Lehrer den Kopf.
»Ich meine, dich schicken wir bald mit deinen Schwestern nach Löwenstein hinauf. Bei uns kannst du nicht mehr viel lernen, Du weißt ja schon alles!«
So marschierte Hans denn täglich den vier Kilometer weiten Fußweg durch Weinberge und Wiesenhänge nach Löwenstein. Dieser Schulweg ist ihm besonders lieb gewesen. Es gab eine Menge zu beobachten. Da war neben dem Weg das Getreide, das sproß, zuerst die Gerste, dann der Weizen, zuletzt der Hafer. Und da war am Himmel der Mond: Einmal halb, einmal ganz, einmal bei Tag, einmal bei Nacht, und dann wieder überhaupt nicht! Hinter das Geheimnis der schmalen Sichel mußte man doch endlich einmal kommen! Drunten im Tal arbeitete ein Holzhakker, den Hans mit seinen hellen Augen täglich beobachtete. Der hackte drauf los, aber das Hacken selbst hörte man immer erst einen Augenblick später. Brauchte der Schall Zeit? Da waren Sonne und Wolken, Gewitter und Schneefälle, Frühlingswind und Sommerglut! Da waren Insekten am Weg, Wiesengräser, von denen er bald jedes einzelne kannte, da waren Schnecken und Frösche, aufsteigende Lerchen und in den Hecken Rotkehlchennester.
An manchen Tagen freilich wollte der Weg dem kleinen Mann sehr lang werden. Da halfen ihm die 100-m-Steine, von denen zehn zusammen einen Kilometer ergaben. Ganz von selbst lernte er dabei genau Entfernungen einschätzen.

Sobald es ging, vermittelte ihm der Lehrer Rommel Klavierstunden bei einem pensionierten Schulmeister und Latein beim Herrn Vikar.
Der Schrecken dieser ersten Lateinstunden hat den Buben sein ganzes Leben lang nicht mehr recht losgelassen. Der junge Vikar muß ein Sadist gewesen sein und schlug seine Zöglinge grün und blau. Zuletzt war Hans noch der einzige Schüler; er wagte aber dem Vater nichts von den Mißhandlungen zu sagen. In seinem Elternhaus herrschte ein ruhiger und bei aller Zucht stets freundlicher und rücksichtsvoller Ton – hier aber war der Junge hilflos der Rohheit ausgeliefert. Erstmals hatte er über die primitive Gewalt des Stärkeren nachzudenken, welcher keine Gegenmacht – so schien es – auf dieser Erde gewachsen sein mochte. Oft war er völlig verzweifelt und sah keinen Ausweg mehr aus seiner Not. Kinderängste sind schwer. Vor lauter Verkrampfung brachte er keine Vokabeln in seinen Kopf.
Endlich, im nächsten Schuljahr, kam ein neuer Vikar, ein guter Pädagoge, und von da an ging es auch mit dem Latein vorwärts.
»Ich habe Latein geliebt!« betonte Hans später. »Mit einem einzigen Wort kann man etwas aussagen, wofür man in unserer Sprache einen ganzen Satz braucht. Und besonders schön ist das Singen mit den vielen dunklen Vokalen.«

Wie schon berichtet, hatte Hans mit 11 Jahren die Schule durchlaufen, um anschließend nochmals zwei Jahre lang die gleiche Schulbank zu drücken.
»So bin ich denn gleich zweimal sitzengeblieben«, konnte er später mit Galgenhumor sagen. Damals freilich erkannte er die leise Tragik, die sich hinter diesem Umstand verbarg, noch nicht. Es war ihm gar nicht so unlieb, die verbleibende freie Zeit mit eigenem Nachdenken und Experimentieren zu verbringen. Außerdem wurde er zu Hause bereits tüchtig eingespannt – stets waren Bauarbei-

ten an Scheunen und Ställen auszuführen, die den kleinen Hobby-Architekten lebhaft in Anspruch nahmen. Seine jüngeren Brüder erhielten alle Gymnasialausbildung, weil die neu in die Familie hinzugekommenen Schwäger (die Schwestern begannen sich zu verheiraten) dem Vater Christian klarmachten, im Industriezeitalter könne man nicht mehr jedem Sohn einen Hof verschaffen, und deshalb brauche man eine gute schulische Ausbildung.

Das Abschlußzeugnis vom April 1898 mit der höchsten Note, die damals gegeben wurde, beendete die schulische Lernzeit des 13jährigen. Er ist aber sein ganzes Leben lang ein Lernender geblieben. Dieses Weiterlernen war weniger eine Anhäufung von Wissen als ein ständiges Wachsein für Lernenswertes in Theorie und Praxis. Er hat in späteren Jahren geäußert, ihm scheine das übergroße Wissensangebot auf Gymnasien und Universitäten nicht genügend fruchtbar zu werden, weil das eigene Ringenmüssen um Ergebnisse oft fehle. Es sei nicht nur ein Nachteil, wenn man sich sein Wissen zusammenholen müsse, und manche »Gelehrte« erinnerten ihn ein wenig an Bäume, die zwar mächtig ins Kraut schießen, aber gerade deshalb nicht viel Frucht ansetzen.
»Schade um den bildungsfähigen Kopf«, dachte der Lehrer Rommel, als er seinem Lieblingsschüler zum letzten Mal die Hand gab.
Langsam schlenderte Hans auf seinem gewohnten Schulweg nach Hause. Es ging auf Ostern zu, und er war sehr vergnügt. Hätte er die Gedanken des Lehrers geahnt und hätte er bereits die Reife höherer Jahre besessen, hätte er wohl erwidert:
»Bildungsfähige Köpfe haben wir genug – wichtiger, aber viel seltener sind bildungsfähige Herzen. Kommt es letzten Endes nicht gerade darauf an, wenn es in unserer technisch und wissenschaftlich so ›gebildeten‹ Welt besser und friedlicher werden soll?«

Der Heranwachsende

»Morgen früh müssen wir zeitig einspannen, Hans«, sagte an einem Samstagabend, Ende Juli 1898, der Vater. »Unsere Sonntagsversammlung ist auf dem Lautenbacher Hof bei Neckarsulm, es ist eine weite Strecke. Du könntest die Fahrt übernehmen.«
Hans nickte still. Einerseits war er stolz, eine solche Tour ausführen zu dürfen – wer meisterte das schon mit 13 Jahren? Andererseits erforderte der über zwanzig Kilometer lange Weg für ihn und seine Pferde einen beachtlichen Einsatz. Zum Glück war Hochsommer. Vor zwei Jahren hatte Hans einmal im Winter kutschieren müssen. In der Dunkelheit war der kleine Kutscher voll Angst gewesen. Würde er am Ende die Pferde in den Graben lenken?
»Du mußt immer nach oben sehen, nach den Baumwipfeln rechts und links«, hatte der Vater gesagt, »dann verfehlst du die Straßenmitte nicht.«
Morgen würde er es leichter haben. Er freute sich auf Lautenbach, diesen Mittelpunkt mennonitischen Gemeindelebens, wo auch der Vater gerne predigte. Dort lebten gütige Menschen, und im unteren Hof gab es fröhliche Kinder, mit denen man im weitläufigen Park beim Schloß herrlich spielen konnte. Hans erzählt von diesem Tag:

Im Sommer nahm die Besitzerin von Lautenbach, Freifrau von Wächter, immer ihren Wohnsitz im dortigen Schloß.
Die Versammlung, an der sie teilnahm, fand auf ihren Wunsch an diesem strahlenden Sommertag im Freien statt.
Sie kam mit ihren Gästen: ihrer Schwester, der Gräfin Waldersee und deren Mann, dem Feldmarschall Graf Waldersee. Mein Vater war um die Predigt gebeten worden. Er wählte das Lied: »Halleluja, schöner Morgen.« Man konnte fast kein anderes Lied wählen. Auch die Predigt war ganz auf den Ton abgestimmt. Der wundervolle Tag war ein einziges Loblied auf die Schöpfung.
Aber nach dem Gottesdienst erhielt der Feldmarschall ein Te-

legramm. Es beinhaltete, daß der Altkanzler Bismarck gestorben sei. Wie ein Schatten legte sich die Nachricht über Park und Garten, und ein seltsames Frösteln überkam alle Anwesenden, sogar uns Kinder, die wir auf dem Rasen spielten. Es war geradezu, als spüre man das Herannahen eines neuen, ganz anders gearteten Zeitalters.
Der Feldmarschall mußte sofort nach dem Essen abreisen. Er hatte an den Vorbereitungen für die Beerdigungsfeierlichkeiten mitzuwirken. In das tiefe Schweigen hinein, das sich während des Essens auf alle legte, erzählte der Graf vom Tod des alten Kaisers zehn Jahre zuvor. Als Bismarck ihm um zwölf Uhr im Reichstag den ersten Nachruf zu halten hatte, rollten dem ›Eisernen‹ Kanzler die Tränen aus den Augen, die er unwillig abwischte. Von dem Schmerz des stolzen alten Mannes wurde das ganze Haus ergriffen.
Die Zeit nach Bismarcks Entlassung, die sogenannte Caprivizeit, hat meine Jugend überschattet. Die Getreidepreise sanken um die Hälfte gegenüber der Zeit um 1850.
Vielleicht war die Auswanderung vieler Familien gerade in jener Zeit auf diese Nöte zurückzuführen. Das alles hatte freilich nicht direkt mit Bismarcks Ausscheiden zu tun. Es war die stürmisch verlaufende Industrialisierung, die sich, zusammen mit dem Kanzlerwechsel, so niederdrückend für die Landwirtschaft auswirkte. Deshalb erschien uns sein Tod als ein gefahrvoller Einschnitt.

(Aus einer Rede)

Hans war jedoch zu jung, um die Zusammenhänge wirklich zu begreifen. Halb noch Kind, halb schon mit den Aufgaben eines Erwachsenen betraut, fand er sich zunächst ganz gut zurecht. Das reiche Familienleben gab auch immer wieder Anlaß zu drolligen Erlebnissen:
Eines Herbstabends beispielsweise erbat sich der Vater noch eine Tasse Tee. Plötzlich fühlten alle heftigen Durst, und Lydia wurde in die Küche geschickt. Es war stockdunkel, und sie wollte nicht eigens die Petroleumlampe aus dem Wohnzimmer holen. Gottlob, im Wasserschiff

neben dem erkalteten Herd befand sich noch genug heißes Wasser. Und die Tüten mit den vielen von der Mutter gesammelten Tees fand Lydia auch im Dunkeln.
Vergnügt saßen sie danach alle in der Runde und schlürften aus ihren Tassen. Doch nach dem ersten Schluck sagte der Vater:
»Welch eine merkwürdige Teesorte hast du denn da erwischt, Lydia? Ich kann diese Brühe nicht trinken.«
Die Tee sammelnde Mutter fühlte sich angegriffen.
»Wieso? Es ist guter Tee, er schmeckt vorzüglich.«
Ohne Wimpernzucken nahm sie einen tüchtigen Schluck. Das mütterliche Wort hatte zu gelten, Christian fügte sich, da man in solch großer Familie keine Sonderansprüche zu stellen hatte. Jeder würgte seinen Tee hinunter. Am anderen Morgen erschienen sämtliche Familienmitglieder mit grünen Gesichtern und stellten fest, daß ihnen der Tee nicht gut bekommen sei. Des Rätsels Lösung war auch bereits offenkundig: Lydia hatte in der Dunkelheit Vaters Schnupftabak erwischt.

Das alte Jahrhundert ging zur Neige. Eines Morgens erhielt Lenchen die Nachricht, daß ihr brüderlich geliebter Vetter Daniel aus Bayern noch vor Anbruch des 20. Jahrhunderts mit seiner Frau Babette (Christians Schwester) die Breitenauer besuchen wolle. Er hatte sich als erster der Mennoniten soeben einen eigenen Hof im Bayerischen gekauft. Die warmherzige Tante Babette, kurz »Tante von Ellgau« genannt, war bei allen beliebt.
Jetzt sollten die Verwandten sehen, wie gut Mutter Lenchen ihre schwierige Lebensaufgabe meisterte! Am Vortag wurde das Festessen vorbereitet, die traditionelle Speisenfolge stand fest: Rindfleischsuppe mit Markklößchen, Rindfleisch mit Meerrettichsoße und Beilagen. Braten mit Salat und Nudeln und zum Nachtisch eine gerührte Creme. Die herangewachsenen Töchter Johanna und Betty sollten selbständig kochen, die Mutter wollte mit ihnen glänzen.

In der oberen guten Stube war der Tisch bereits festlich gedeckt, als Hans die Verwandten mit dem Landauer vom Bahnhof abholte. Nach herzlichster Begrüßung wurde die Suppe aufgetragen, und Johanna erntete größtes Lob. Dann richteten die beiden Mädchen den Rindfleischgang an und servierten die Meerrettichsoße.
Erleichtert verschwanden sie in der Küche, nicht ohne Wohlgefallen ihre tadellos weiß gebliebenen Schürzen betrachtend.
Während Johanna vorsichtig die Nudeln für den nächsten Gang schwenkte, entfuhr Betty ein Schreckensschrei.
»Da steht ja noch unser frisch geriebener Meerrettich!« (Er sollte vor dem Anrichten in die fertige Soße gegeben werden.) »Wir haben unseren hohen Gästen Mehlpapp serviert!«
In der Aufregung schoben sie einander gegenseitig die Schuld zu. Mit angehaltenem Atem lauschten sie dem Silberglöckchen der Mutter, welches ihnen den nächsten Serviergang melden sollte.
Als das feine Klingeln ertönte, wagte sich keine der Schwestern nach oben; schließlich gingen sie alle zwei hinauf. Die Tante holte eines der Mädchen in ihren linken, das andere in ihren rechten Arm und sagte:
»Solch guten Meerrettich habe ich in den letzten zwanzig Jahren nicht mehr gegessen. So sahnig, so mild! Die ganze Tischgesellschaft spendet euch ein großes Zwischenlob!«
»Nun haben wir zur Blamage auch noch den Spott!« hauchte Betty und streifte im Vorbeigehen der Mutter Hand. »Komm, bitte!«
In der Küche zeigten sie ihr wortlos das Schälchen mit dem geriebenen Meerrettich.
»Diese Blamage!« flüsterte Johanna mit rotem Kopf.
Als die ahnungslose Mutter jedoch den Zusammenhang begriff, mußte sie sich setzen und so schallend lachen, daß die Glasteller klirrten.

»Und wir nannten ihn den delikatesten Meerrettich des Jahrhunderts – es ist mein Ernst! Verratet kein Wort – und bringt den Braten!«

Und endlich wurde das Jahr 1900 eingeläutet, mit Böllerschüssen, Knallfröschen und feurigen Raketen bejubelt. Es würde ein herrliches Jahrhundert werden, die Menschen würden es besser haben als jemals und deshalb in Friede und Freude miteinander leben. Für den jetzt 15jährigen Hans war der Anbruch der neuen Zeit ein tiefes Erlebnis. Elektrizität und Motorkraft waren in ihren Möglichkeiten wenigstens ahnungsweise entdeckt. Chemie und Physik, Technik und Wissenschaft machten gewaltige Fortschritte. Den dahinter aufbrechenden Materialismus ahnte er noch nicht, und das Bombastische, Fassadenhafte wurde in Württemberg, unter seinem schlichten König, nicht so stark erlebt wie etwa in Berlin. Gregor Mendels neu entdeckte Vererbungsgesetze beschäftigten ihn lebhaft. Auch den Grafen Zeppelin verehrte er. Freilich, wenn ihm jemand gesagt hätte, daß er als alter Mann von seinem Bett aus zusehen könnte, wie der erste Mensch den Mond betritt, dann hätte er das gewiß nicht geglaubt.

Zu Beginn des Jahrhunderts schenkte mir mein Vater eine Taschenuhr, die er selbst jahrzehntelang getragen hatte. Meine Freude war groß. Aber eines Tages konnte ich der Versuchung nicht widerstehen, die Uhr auseinanderzunehmen. Mein Schmerz war unbeschreiblich, als ich merkte, was ich angestellt hatte. Ich war noch nicht reif genug, eine Uhr zu besitzen.

Heute kann man bereits einem 12jährigen unbedenklich eine Uhr in die Hand geben. Aber für sein Auto oder sein Motorrad oder sein Videogerät ist der 18jährige auch heute innerlich meist noch nicht reif. So, denke ich, geht es uns mit allen Errungenschaften des 20. Jahrhunderts. Wir nehmen sie, wie Kinder, leidenschaftlich in Besitz, wir verstehen sie auch ge-

wandt zu handhaben, aber menschlich haben wir noch nicht die volle Reife dafür. Oft gehen wir, gleich mir mit meiner Taschenuhr, einen Schritt zu weit – wir können manches, was wir nicht dürfen. Daran ist die Technik nicht schuld. Ihren gefährlichsten Punkt hat die technische Krise im Menschen selbst.

(Aus einem Vortrag)

Im Gegensatz zum Aufblühen von Handel, Gewerbe und Wirtschaft geriet die etwas vernachlässigte deutsche Landwirtschaft erneut in Existenznöte. Man hatte ja Kolonien und eine stolze Flotte, was brauchte man da noch Bauern!
Auf Breitenau machte sich die Bedrängnis besonders fühlbar, weil mehrere unglückliche Umstände zusammenkamen. Die Weinreben waren an Perenospera erkrankt, der alternde Vater wurde müde, die notwendig werdenden Investitionen überstiegen seine Kraft.

Hans war nun schon tüchtig im Betrieb eingesetzt. Manchmal war er so schlaftrunken, daß er nach der Morgenfütterung der Tiere nochmals auf dem Heuboden einschlief. Man konnte ihn eben gar zu vielem gebrauchen. Nicht einmal die Sonntage waren frei: er spielte Harmonium oder Orgel bei den gottesdienstlichen Versammlungen; auch einen kleinen Chor dirigierte er.
Eine besondere Freude war es für ihn, daß der Vater ihm die volle Verantwortung für die selbstgebaute hydraulische Widderanlage mit der Wasserleitung übertrug. Pflichtbewußtsein und Sicherheit wuchsen durch diese Aufgaben, und er hat sich ein Leben lang dankbar daran erinnert.
Die väterlichen Sorgen um die Existenz des Betriebes spürte er genau. Aber mit den Augen eines jungen Menschen, der sich innerlich abzulösen beginnt, sah er auch des Vaters schleppende Wirtschaftsführung. Er rang darum, dem Vater gerecht zu werden. Das war nicht immer

leicht, bekam er doch für seinen unermüdlichen Einsatz von früh bis spät nicht einmal ein Taschengeld! Es war damals kaum üblich, und er war zu schüchtern, um Forderungen zu stellen.

In seinem jungen Kopf spukten zahllose Gedanken über die Modernisierung der Landwirtschaft. Aber noch fehlten Erfahrung und Schulung.

Dabei stand bereits eine entscheidende Hilfe bereit. Sie wurde aber von den meisten Landwirten mit Argwohn abgetan. Es war die bahnbrechende Entdeckung des großen Chemikers Justus von Liebig. Er wies darauf hin, daß alles Organische, Pflanzen, Tiere und Menschen, letztlich aus Mineralstoffen entsteht, und daß alles Sterbende sich wieder in Mineralstoffe auflöst. Das war nicht neu. Aber neu war Liebigs Behauptung, daß jedes Wachstum seine Grenzen an dem Nährstoff finde, der am wenigsten im Boden sei. Die Landwirtschaft und mit ihr die Hochschule gab ihr Vorurteil gegen Liebigs »Kunstdünger«, wie man den Mineraldünger allgemein nannte, nicht auf. Noch lange bis ins 20. Jahrhundert hinein wurde der Stallmist als einziger »echter« Dünger verherrlicht und zwang so den Landwirten eine viel zu umfangreiche Viehaltung auf.

(Aus einer Rede)

Für Christian Hege kamen diese modernen Möglichkeiten zu spät. Sein Sohn setzte sich früh und gründlich damit auseinander. Das Wunder des Ackerbodens, aus dem wir leben, hatte seine Seele erfaßt.

»Wenn ich schon Landwirt zu werden habe, dann will ich ein tüchtiger Landwirt werden«, sagte er sich. Er war keine Natur, die sich in unrealistische Träumereien verlor. Daß er allerdings nicht ohne Wehmut nach den Schulbüchern seiner Brüder griff, um dort Chemie und Physik zu lernen, ist gewiß.

Aus dem väterlichen Bücherschrank holte er sich vor allem die Werke von Max Eyth, dem Begründer der Deutschen Landwirtschaftsgesellschaft (DLG).

In der Zeit des jugendlichen Hungers nach Romantik war mir Max Eyth, was vielleicht heute den Jungen Karl May bedeutet. In den Jahren des schaffensfrohen Erwachsenenalters der Mann zupackender Energie, der nach Aufgaben sucht und vor keiner Schwierigkeit zurückschreckt. Aber über allem steht für mich die menschliche Größe, die uns im Ringen des Geistes mit der Materie immer wieder aus seinem Leben entgegentritt.

(Aus einem Vortrag)

Der Schwabe Max Eyth mag in der Tat einen entscheidenden Anteil an der Entwicklung des jungen Menschen gehabt haben. Auch Hans Heges Pläne und Ideen waren schon im Heranwachsenden bei allem gesunden Realismus groß angelegt. So schreibt er einmal, daß er im Jahre 1902 als 17jähriger seine erste DLG-Schau in Mannheim gesehen habe.

Dort wurde der erste Motorpflug vorgeführt. Es war das wagemutige Unternehmen eines jungen Ingenieurs, der selbst Bauernsohn war und deshalb wußte, was die Landwirtschaft brauchte. Er hat alle seine Zeit und all sein Geld dafür geopfert. Aber für die serienmäßige, industrielle Herstellung fehlten ihm die Mittel, und weder die Industrie noch die Landwirtschaft begriffen, was dieser junge Techniker, dessen Bemühungen wieder in Vergessenheit gerieten, damals schon ahnte: daß Industrie und Landwirtschaft zusammenarbeiten müssen. Seither hat mich diese Problemstellung nie mehr losgelassen.

(Aus einem Vortrag)

Aber es waren nicht nur die landwirtschaftlichen Fragen, mit denen Hans sich auseinandersetzte. Was geht alles in einem jungen, einsamen Menschenherzen vor sich? Er beschäftigte sich mit den in seinem Elternhaus reichlich vorhandenen theologischen Büchern, er las die Bibel – und auch hier schon bereits mit der ihm eigenen inneren Selbstständigkeit.

»Daß der König David bei seinen kriegerischen Auseinandersetzungen 1700 Pferdestreitwagen besiegt haben soll (2. Sam. 8), das nahm ich dem Geschichtsschreiber zwar nicht übel, aber er mußte wohl ein mir fremdes Zahlensystem haben. Wieviel frißt ein einziges Pferd auch nur an einem Tag! In dem kleinen Land, in welchem es dazu hin noch unfruchtbare Landstriche gab, hätte man so viele Pferde gar nicht ernähren können!«

Je älter er wurde, desto mehr festigte sich in ihm die Erkenntnis, daß er weiterlernen müsse, um voranzukommen. Seine mangelnde schulische Ausbildung bedrückte ihn, aber er konnte den Vater nicht im Stich lassen und keine finanziellen Ansprüche stellen. Sein Bildungshunger war groß; er suchte nach allem, was ihn voranbringen konnte. Besonders mühte er sich um eine gute deutsche Sprache, seine Übungen hierin zeigen gediegenen Fleiß. Denn seine eigentlichen Begabungen lagen wohl kaum auf sprachlichem Gebiet, sonst hätte er es in irgendeiner Fremdsprache zu einem Ziel gebracht. Aber in der deutschen Sprache eroberte er sich bald eine große Sicherheit und Klarheit der Darstellung.

Als er 18 Jahre alt war, betrat er eines Morgens das väterliche Büro.

»Papa, wäre es denkbar, daß ich im nächsten Herbst die Winterschule in Heilbronn besuchen könnte?«

Vater Christian blickte auf. Er schwieg lange und nachdenklich. Schließlich sagte er:

»Ich habe mir ebenfalls Gedanken gemacht. Du sehnst dich danach, mehr zu lernen. Und das ist kein unrechter Wunsch. Du weißt, daß ich wegen deines früh verstorbenen Bruders Christian Bedenken hatte, dich ausbilden zu lassen. Aber wir haben jetzt andere Zeiten, außerdem hast du Zähigkeit entwickelt. Ich denke mir, daß wir dich später, sobald ich finanziell wieder etwas mehr Spielraum habe, als Gasthörer nach Hohenheim schicken können.«

»Später, immer nur später! Und eines Tages ist es dann *zu* spät!«

Verwundert blickte Christian auf. Solch eine Art zu reden, war er von diesem Sohn nicht gewöhnt. Hans hatte sich noch nie im Ton vergriffen. Dahinter mußte ein Stück wirklicher Bedrängnis stecken, mit dem dieser junge, scheinbar ganz sachlich seinen Aufgaben zugewandte Sohn nicht mehr recht fertig wurde. Hatte man ihm durch den Zwang der Verhältnisse doch zu viel zugemutet? Warum war es ihm, dem Vater, nicht gegeben, mit seinen heranwachsenden Kindern zu sprechen wie mit Freunden? Warum war er in diesem Punkt so gehemmt? War er, gerade im Blick auf seine nachwachsenden Söhne, schon zu alt? Er fühlte sich zuweilen sehr erschöpft. Er atmete schwer.

»Nun denn – wenn du durchaus willst, so geh halt – diesen Winter und den nächsten.«

Die sogenannten »Winterschulen« waren als landwirtschaftliche Fachschulen für die männliche Bauernjugend eingerichtet worden, weil das kalte Halbjahr Zeit zur Weiterbildung ermöglichte. Verbunden mit der Praxis im Sommer ergab sich für die jungen Leute, die mindestens 18 Jahre alt sein mußten, eine hervorragende Chance fürs Weiterkommen. Hans nahm gerne den täglichen drei Kilometer langen, dunklen Winterweg zur nächsten Bahnstation Willsbach (heute Obersulm) auf sich, um nach Heilbronn zu fahren.

Der Leiter der Schule, Landwirtschaftsrat Lehnert, wollte seine Schüler ein wenig kennenlernen. Er stellte ihnen als erstes eine Hausaufgabe:

»Schreibt mir einen Aufsatz über das Thema: Unser tägliches Brot!«

Tagelang ging Hans wie im Traum umher. Erstmals seine Vorstellungen und Pläne zu formulieren, von allen Seiten zu beleuchten und überzeugend darzustellen, das mußte ein geradezu erlösendes Erlebnis für ihn gewesen sein. Es wurde eine halbe Doktorarbeit daraus.

Als nach einiger Zeit der Landwirtschaftsrat Lehnert die Hefte zurückgab, blieb er lange vor Hans stehen.

»Der da«, sagte er zu den anderen, »der da hätte auf die Hochschule gehört.«
Es war eine gewinnbringende, erfolgreiche Zeit für Hans. Jetzt fand er auch einen Freund, wie er ihn sich oft heimlich gewünscht hatte: Heinrich Eckhardt.
Er nahm nichts auf, ohne es gedanklich zu verarbeiten. Anhäufung von reinem Wissensstoff ohne Beziehung zum Leben lag ihm nicht.
»Ich erkannte«, sagte er, »daß manches, was in den Büchern als Wissenschaft betitelt wurde, oft nur ein allzu wichtig genommenes Umherwälzen von bereits Bekanntem war. Manches dünkte mich wie eine Spielerei des Geistes. Ich nahm mir vor, diese Spielerei nie mitzumachen.«

Übrigens wurde das morgenfrühe Erwarten des Zuges auf dem Willsbacher Bahnhof leise überglänzt von der Gegenwart zweier Mädchen aus dem Dorf, die täglich dieselbe Strecke fuhren. Es waren die Töchter des Landwirts Albert Barth, der Vater Christians Nachfolger im Württembergischen Landtag geworden war. Sie unterschieden sich von den anderen nicht nur durch ihre sorgfältige Kleidung, ihr wohlerzogenes Benehmen als Töchter aus gutem Haus, sondern auch durch ihr anmutiges Erscheinungsbild. Maria, die jüngere, ging das letzte Jahr zur Schule – Julie, die ältere, besuchte einen Nähkurs.
Hans kannte bereits jede Linie in Julies feinem Profil. Das junge Mädchen, das er für älter hielt als sich selbst, hatte eine solch starke, klare Ausstrahlung, daß ihm war, als würde man schon durch ihren Anblick ein besserer, zielbewußterer Mensch. Hans gehörte zu den jungen Männern, für welche die Liebe zu einem Mädchen etwas Heiliges ist. Daß er ein Heiligtum zu betreten sich anschickte, ahnte er nicht. Er war noch sehr jung, und Julies Bild schwebte ihm nur ferne als etwas unendlich Lichtes, Beglückendes, Verehrungswürdiges vor. Eines aber nahm er sich vor:

»Ich möchte einmal ein Mann werden, der vor solch einer Art Mädchen bestehen kann.«

Im nächsten Winter fuhr Julie nicht mehr nach Heilbronn, sie war inzwischen zu ihrer Weiterbildung in die französische Schweiz gereist. Hans hat später jedoch gerne zugegeben, daß das Bild jener schlanken, liebreizenden und zugleich persönlichkeitsbewußten Mädchengestalt ihn vor den Irrungen bewahrte, die manche jungen Männer während der gefährdeten Jugendjahre in nie wieder gutzumachende Schuldsituationen verstricken können.

Das Abschiedsfoto der Winterschule zeigt ihn als Preisträger mit einem wachen gefestigten Gesichtsausdruck, nicht ohne Selbstbewußtsein.

»Den lasse ich nicht aus den Augen«, beschloß der Landwirtschaftsrat heimlich. Leider starb er bald darauf, aber Hans hatte nun so viele Anregungen empfangen, daß er mutig für sich selbst weiterarbeiten konnte.

Er besuchte das gute Heilbronner Theater und zehrte ein Leben lang von den Aufführungen. Auch sang er in einem der großen Heilbronner Chöre mit, fuhr zu Opernaufführungen nach Stuttgart, übte am Klavier, versuchte sich in der griechischen und französischen Sprache (wobei er es nirgends weit brachte) und las sorgfältig die Zeitungen, denn es wurde jetzt unterschwellig recht lebendig auf der deutschen politischen Bühne, und durch seines Vaters langjährige Mitarbeit im öffentlichen Leben war er hellhörig geworden.

Ein starker Eindruck war für Hans die Gestalt des christlich-sozialen Politikers Friedrich Naumann, der in Heilbronn für den Deutschen Reichstag kandidierte und im Jahre 1906 seine Wahlreden hielt.

»Er war eine geradezu prophetische Gestalt, die zwingend überzeugte«, schilderte ihn Hans. »Wir wählten ihn, er kam durch.« Hans lernte dabei auch Naumanns jungen, sympathischen Mitarbeiter kennen: Theodor Heuss. Die Wege der beiden fast Gleichaltrigen sollten sich im Laufe ihres Lebens immer einmal wieder flüchtig kreuzen.

Besonders amüsant erzählte Hans von der Einführung des ersten Omnibusses im Mainhardter Wald. Zwar wußte er nicht mehr das Jahr, aber doch den Tag, an welchem die Postlinie Löwenstein-Mainhardt per Omnibus eröffnet wurde.
»Es war eine langgestreckte Kutsche mit einem offenen Zweiersitz beim Steuerrad. Der Benzinmotor lief tatsächlich, für mich eine unerhörte Sensation. Ich schätze die Kilometerzahl auf 25 bis 30 pro Stunde. Natürlich wollte ich auch einmal mit einem solchen Omnibus fahren. Ich verspätete mich, und als ich atemlos in Löwenstein ankam, war der Omnibus soeben hinter der Biegung verschwunden. Viele Leute standen, wie jeden Tag, auf der Straße. ›Den kriegen Sie noch‹, lachte mir ein erfahrener Zuschauer entgegen. ›Den Berg hinauf bleibt er meistens stecken, bis er die richtige Übersetzung für die Steigung gefunden hat. Laufen Sie den Fußweg unten herum, dann können Sie in Hirrweiler bestimmt noch einsteigen.‹«
Hans rannte so schnell er konnte – und tatsächlich gelang es ihm, in dem Dörflein Hirrweiler den Anschluß zu bekommen. Es muß ein unbeschreibliches Gefühl gewesen sein, erstmals mit einer Benzinkutsche zu fahren. Die Fahrt dauerte wunderbar lange. Und es schien, als kutschiere man deutlich leichter damit als mit Pferden.
»Diese scheuten sehr, wenn wir ihnen entgegen kamen. Der fremde Benzingeruch irritierte sie sichtlich.«

Im Jahre 1906 wurde das erste Telefon in Breitenau eingerichtet. Dem jungen Hans war es, als hätte der einsame Hof damit den Anschluß an die große, weite Welt gefunden.

Der Weg ins erwachsene Leben

Aus den Annalen des fürstlichen Rentamts zu Löwenstein geht hervor, daß Vater Christian seinen Sohn Hans 20jährig als Betriebsleiter einsetzte. Im Jahr 1905 wurde nämlich ein neuer Pachtvertrag fällig. Nur zögernd gab der Fürst für fünf weitere Jahre seine Einwilligung, denn die Domäne drohte durch Verschuldung mit ihren Zahlungen in Verzug zu kommen. Dem jungen, energischen Sohn traute man zu, den Betrieb wieder ins Gleichgewicht zu bringen. Wie weit das Ausmaß der beginnenden Verschuldung ging, darüber wußte der junge Mann kaum Bescheid. Seine Schwester Frida arbeitete gewissenhaft im Büro, aber sie war schweigsam; außerdem verheiratete sie sich bald mit dem Theologen Benjamin Unruh, einem Rußlanddeutschen, der, als »Sommerstudent«, von Basel kommend, Kost und Unterkunft über die Dauer der Semesterferien bei den mennonitischen Bekannten in Breitenau erhalten hatte.
Christian selbst war müde und über seine Jahre hinaus alt geworden. Vielleicht quälte ihn auch ein Leiden, das er sich aber gewiß nicht eingestand. Hans erzählt:

Vater hat in seinen letzten Jahren nach Tisch immer viel geschlafen. Auch bei Sitzungen ist er oft eingeschlafen, was ihm sehr peinlich war. Jedoch setzte er sich zu Hause nie auf das Sofa oder auf einen bequemen Stuhl, um uns kein Beispiel für Müßiggang zu geben. Einmal hatte er sich wieder sehr ermüdet und war auf dem Sofa eingeschlafen. Ich kam, um ihn etwas zu fragen. Und da schämte sich der 65jährige vor mir, dem 20jährigen Sohn, daß ihm das passiert war!
Am 1. April 1907 erkrankte er heftig an einer Lungenentzündung. Als eine Atemnot kam, wollte er aus dem Sessel heraus. Ich half ihm, sich aufzurichten und stützte ihn dabei. Plötzlich sagte er: »Sterben ist schwer!«
Der Arzt kam und gab ihm eine Morphiumspritze, weil er starke Schmerzen hatte. Wir brachten ihn zu Bett. Die Sprit-

ze nahm ihm die Schmerzen, aber auch das ungetrübte Bewußtsein. » Sterben ist schwer«, war sein letztes klares Wort, und ich muß mein ganzes Leben daran denken. Ich glaube, der Gedanke an das, was bei den finanziell angespannten Verhältnissen werden sollte, hat ihm den Tod schwer gemacht. Er war nur vier Tage krank und starb am 4. April 1907.

(Aus einem Brief)

Ein bedrückender Ernst lag über Haus und Hof, als der lange Trauerzug sich von Breitenau zum hochgelegenen Löwensteiner Friedhof hinaufbewegte. Die 59jährige Mutter war nun Witwe, ihr Jüngster 15 Jahre alt. Sie hatte den Betrieb weiterzuführen, aber der 22 Jahre alte Hans mußte die eigentliche Verantwortung übernehmen. Sein 18jähriger Bruder Rudolf half ihm dabei, sobald er mit der Schule fertig war.

Hans war zu jung für diese Aufgabe. Vorbei waren alle Zukunfts- und Reisepläne, alle Hoffnungen auf ein Studium. Aber er war von Natur aus optimistisch; gewiß empfand er die Situation auch als eine Herausforderung, die seinen jugendlichen Ehrgeiz anspornte, doch wußte er an manchen Tagen nicht aus noch ein. Ämtern und Behörden gegenüber war er ungeübt; raffinierte Wirtschaftsvorgänge konnte er noch nicht durchschauen und er wurde in der Tat übervorteilt. Die Angestellten jedoch nahmen rasch den jungen Herrn als ihren Chef an. Der alte Pferdeknecht Gall, der eine gewisse Autorität auf dem Hof darstellte, begrüßte Hans am Morgen nach der Beerdigung:

»Hans, bisher waren wir Kameraden. Aber Ordnung muß sein. Von jetzt ab sagen wir »Sie« zu dir. Du brauchst von nun an unsere Unterstützung; wir geben sie dir gerne.«

Auch aus der Verwandtschaft erwuchs ihm Hilfe. Sofort nach dem Tode des Vaters war dessen jüngster Bruder Heinrich angereist und prüfte die Bücher. Als er Über-

sicht gewonnen hatte, machte er eine sorgenvolle Miene. Aber dann sah er in das besonnene, pflichtbewußte Gesicht seines jungen Neffen, klopfte ihm freundlich auf die Schulter und sagte:
»Ich helfe dir!«

Onkel Heinrich war bereits ein berühmter Landwirt, als ich ihn kennenlernte. Ich habe ihm viel zu verdanken. Ich glaube, er hatte auch Freude an mir. Ich erinnere mich an manchen Gang über, die Felder, wobei er mir seine Auffassungen und Erfahrungen weitergab. Er war hoch angesehen und ein überlegen kluger und fähiger Mann.

(Aus einer Familienrede)

Der vermögende Onkel sprang mit einem größeren Darlehen ein, um die Schuldenlast zu erleichtern. Als er im zweiten Sommer nach Vaters Tod mit dem Neffen über die Breitenauer Felder ging, blieb er bewundernd stehen:
»Solch einen schönen Sommerweizen habe ich in meinem ganzen Leben noch nicht gesehen.«
In der freien Zeit halfen die jüngeren Brüder beim Verputzen und Herrichten der Hofgebäude, sie strichen und malten, ordneten und besserten aus, und so verwandelte sich die großzügige Anlage mit dem hübschen Wohnhaus vor dem gepflegten Garten bald in ein Schmuckstück.

Im darauffolgenden Jahr wurde die Familie wiederum von einem schweren Schicksalsschlag getroffen. Nachdem im Todesjahr des Vaters bereits der Ehemann der Schwester Anna auf dem Deutschhof bei Würzburg gestorben war, starb nun auch die tüchtige Anna ganz rasch an Schwindsucht. Sieben Waisen reisten mit dem Zug an und suchten Unterkunft und Wärme bei der Großmutter und dem Vetter Hans. Die älteren Schwestern waren inzwischen auswärts verheiratet.
Zwei Jahre später starb auch die Schwester Martha, drei ganz kleine Kinder zurücklassend.

Es wäre nun, bei so viel Not und Leid, gut gewesen, Hans hätte sich nach einer geschickten Frau umgesehen. Und es wuchsen gar nicht so wenige Töchter aus den verwandten und verschwägerten Mennonitenfamilien zu hübschen, klugen Frauen heran. Aber dem Hans erging es wie vor vielen Jahrhunderten dem jungen Dichter Dante: Das Bild in seinem Herzen gewann an Kraft und Klarheit, je reifer er wurde. Es war die Erscheinung der jungen Julie Barth.

Das zu einer Persönlichkeit herangewachsene Mädchen wußte freilich nichts von den törichten Träumen, die Hans um sie herum spann. Sie konnten ja auch der Wirklichkeit nicht standhalten. Es war bekannt, daß Julie in ein schönes Gut im Nachbarort einheiraten sollte. Der Auserwählte hatte soeben sein landwirtschaftliches Diplom in Hohenheim abgeschlossen; aber weil Julie erkrankt war, verzögerte sich die Verlobung.
Da wurde er eines Tages im Nebenzimmer ungewollt Zeuge eines Gesprächs. Frau B., Julies künftige Schwiegermutter, hatte Kummer, besuchte Mutter Lenchen und schüttete ihr das Herz aus. Kaum hörte Hans Julies Namen, als er auch schon die Ohren spitzte.
»... und der dumme Bub«, erzählte Frau B. unter Tränen, »er hat sich noch während seiner Diplomarbeit in ein katholisches Mädchen verliebt, das keine Ahnung von der Landwirtschaft hat – und bittet ausgerechnet Julie, sich bei uns für ihn zu verwenden. Er hat ja gewußt, wie sehr wir die Julie mögen. Und sie tut's, aber ich hab' gemerkt, wie schwer es ihr wurde. Sie verehrte ja unseren Buben, so still, so fein, wie die ist!«
»Und jetzt?«
»Krank geworden ist sie. Ein so stolzes Mädchen! Dabei ist sie zuvor bei uns aus- und eingegangen, als wäre sie daheim! Aber vor kurzem zog sie zur Erlernung der Krankenpflege nach Darmstadt. Ich glaub', sie hat einfach fort müssen von daheim. Wenn die Wunden verheilt sind, braucht man sich um einen solchen Charakter keine Sor-

gen mehr zu machen, Julie findet ihren Weg. Bloß mein Bub, mein dummer Bub...«
Leise entfernte sich Hans aus dem Nebenzimmer. Er verschloß das Gehörte in seinem Herzen, aber es erschütterte ihn. Es war ihm, als erleide er Julies Demütigung wie seine eigene. So vertraut war ihm ihr Wesen in seinen Gedanken nun schon geworden, daß er ihr Empfinden genau verstand. Jahre später fanden sich einige Zeilen von ihr aus jenen Tagen:

> *Es ist so still in mir geworden,*
> *so leer und tot und kirchenstill.*
> *Es ist kein Warten mehr an Pforten,*
> *durch die das Glück nicht kommen will.*
>
> *Und nur ein traurig süßes Locken*
> *Klingt wie erinnrungswehe Glocken*
> *aus einem fernen Heimattal.*
>
> *Was bleibt? Ein stilles, reines Geben*
> *und Nichts – begehren mehr vom Leben*
> *als Sieg – nach letzter Seelenqual.*
>   Julie Barth, 21jährig.

Im Jahr 1910 sollte auf Lichtmeß die Pachtung Breitenau neu geregelt werden. Hans besprach sich mit Onkel Heinrich.
»Du wirst es schaffen. Die Bilanzen haben sich gebessert«, sagte dieser. »Mach den Vertrag nicht zu kurzfristig, sonst kannst du nicht wirklich arbeiten und vorwärtskommen. Wer immer nur wie ein Zigeuner von Hof zu Hof ziehen muß, dem zerrinnt schließlich alles unter den Händen. Sieh dich mit der Zeit auch nach einer talentierten Frau um, meiner Schwägerin Lenchen wäre eine Erleichterung zu gönnen.«
Die Fragen um seine Zukunft arbeiteten jetzt mächtig in dem 25jährigen. Oft empfand er die Last auf seinen Schultern als übergroß. Wenn er draußen auf der Weide die jun-

gen Fohlen beobachtete, kamen ihm wohl Gedanken in den Sinn, wie sie ein Gedicht darstellt:

> *Nie war ich, seit ich weiß*
> *in Wahrheit schwerelos*
> *wie einem Füllen gleich*
> *auf seiner Koppel jung.*
>
> *Es hieß das erste Wort*
> *schon wie das letzte heißt,*
> *Wort wie ein Berg so groß:*
> *Verantwortung.*
>
> (A. Goes)

Wie schön dachte er es sich, diese Verantwortung mit jemandem gemeinsam tragen zu dürfen, mit einem Menschen, der zur rechten Zeit tröstete, mahnte, aufrichtete und ermutigte! Aber er war Mennonit, und dieser Jemand, der ihm nicht aus dem Sinn kam, war gut landeskirchlich. Die konfessionelle Barriere hatte bisher noch keiner aus den ihm bekannten Familien zu überspringen gewagt. Doch war das nicht eine inzwischen überlebte Tradition? Niemand hinderte die Mennoniten mehr an der Ausübung ihres Glaubens.

An manchen Tagen empfand er sich als zuversichtlich und seiner Sache gewiß. In anderen Stunden wurde er verzagt und kleinmütig. Warum nur konnte er nicht mit Julie ganz offen über seine Probleme sprechen? Er war zu gehemmt. Es stand für ihn viel zu viel auf dem Spiel. Wenn sie ihn abwies, wußte er nicht weiter. Einmal traf er sie zufällig in Heilbronn, da gewann er den sicheren Eindruck, daß auch sie ihn schätze. Sollte er ihr einen Brief schreiben? Schriftlich würde er es eher herausbringen, was ihn bewegte. Es scheint, daß er einem inneren Gesetz gehorchen mußte, als er an einem Oktoberabend des Jahres 1910 jenen bedeutungsvollen Brief schrieb, der mitten in Julies Herz traf.

Der Brief ist nicht mehr erhalten. Jedoch habe ich ihn als

junges Mädchen im Schreibtisch meiner Mutter einmal gesehen. Er trug viele Tränenspuren. Es war ein sehr ausführliches, sorgfältiges Schreiben, jedes Wort lange bedacht, mit großem Einfühlungsvermögen gestaltet, wie es die Art seines Verfassers war.

Es ist in der Tat eine merkwürdige Geschichte um diesen Brief, denn Julie hatte just am Sonntag zuvor mit der ihr befreundeten Pfarrfamilie aus Willsbach einen Spaziergang gemacht und dabei erstmals Breitenau aus der Nähe gesehen. Die Welt der mennonitischen Höfe war dem evangelischen Dorfkind bisher ganz fremd und sogar ein wenig unheimlich gewesen. Ihr Elternhaus atmete einen freieren Geist. Doch war sie tief beeindruckt von dem sonntäglich sauberen, großzügigen Anwesen. Was wäre wohl geschehen ohne jenen Spaziergang, von dem Hans nichts wußte?

Er berichtet später im Blick auf jenes wichtigste Geschehen in seinem Leben:

Wir sprechen häufig von »Zufall« oder »Glück«. Aber ich habe in meinem Leben bei mir und bei anderen Vorgänge erlebt, für die mir die Worte »Zufall« oder »Glück« nicht genügen. Es steht nach meinen Beobachtungen hinter manchem, was geschieht, ein Geheimnis: das Geheimnis der göttlichen Führung.

(Aus einer Rede)

Die Eheringe meiner Eltern tragen als Datum den November 1910.

»Es war der eigentliche Tag unserer Verlobung, von dem freilich lange Zeit niemand wußte als nur wir beide«, erzählte mir meine Mutter später. Und dabei trat in ihre Augen jener geheimnisvolle Schimmer, den ein Mensch ausstrahlt, der von einem starken Glück angerührt wurde.

Julie, im Februar 1886 geboren, war ein Jahr jünger als Hans, (obwohl er sie immer für älter gehalten hatte). Sie bildete schon früh eine in sich geschlossene Reife aus. Sie war so groß wie er; trotz eines lebhaften, manchmal sogar heftigen Temperaments wirkte sie eher ernst und war überaus gewissenhaft und fleißig. Die blütenhafte Leichtigkeit vieler junger Mädchen war ihr fremd. Schon in jungen Jahren war ihr die Oberinnenstelle eines großen Braunschweiger Krankenhauses angetragen worden. Sie hatte jedoch abgelehnt, weil sie auch immer einmal wieder zu Hause gebraucht wurde. Nun hatte das erstaunliche Mädchen in ihrem Heimatdorf Willsbach eine Gemeindeschwesternstation gegründet, was damals noch neu war.

Der Entschluß, die Lebensgefährtin eines Mennoniten zu werden, mag ihr schwer gefallen sein. Sie kannte ja diese tapferen, schlichten Menschen noch nicht aus der Nähe. Sie brauchte zwei Jahre, bis sie den Hochzeitstermin fest machte. Dennoch hat sie mit der ihr angeborenen inneren Sicherheit sofort den Wert des schüchternen und eher unscheinbaren jungen Mannes erkannt und ist darin auch nie einen Augenblick wankend geworden. Von heute aus gesehen hätte sich Hans wohl auch mit einer anderen Frau zurechtgefunden, sofern sie charaktervoll und fähig für ihre Aufgabe gewesen wäre. Für Julie jedoch wurde er, je länger, desto mehr, genau der Partner, der sie zu sich selber finden ließ, sie entfalten und zu ihrem eigentlichen, groß angelegten Wesen befreien konnte. Irgendwie liebte er auch die Grenzen und Schwächen ihres Temperamentes, ja, sie sogar besonders – und so verwandelten sie sich in Tugenden.

Nachdem Hans das Breitenauer Wohnhaus renoviert und überall elektrisches Licht hatte legen lassen, fand im Mai 1913 die Hochzeit statt. Es war ein zauberhafter Frühlingstag mit Blumen und Sonne. Auf dem Nachbarhaus klapperte der Storch, und die Kinder des Dorfes, mit Kränzchen im Haar, standen Spalier.
Der Trautext, den der Heimatpfarrer in der hochgelege-

nen Willsbacher Kirche gegenüber von Julies Elternhaus dem jungen Paar mit auf den Weg gab, stammte aus Galater 6:

> *Die Frucht des Geistes ist Liebe, Freude, Frieden, Geduld, Freundlichkeit, Gütigkeit, Glaube, Sanftmut, Keuschheit.«*

Es mag wenige Tage im Leben dieser beiden, so unablässig an sich arbeitenden Menschen gegeben haben, da sie nicht dieser Worte gedachten.
An der Hochzeitstafel saß Mutter Lenchen dem Brautpaar gegenüber. Sie war inzwischen 66 Jahre alt und 23fache Großmutter. Längst war sie an die schwarze Witwentracht gewöhnt. Sie dachte zurück an ihren eigenen Hochzeitstag; ihr Einzug in Breitenau war einfacher gewesen. Eigentlich verstand sie nicht, warum ihr Sohn mit einer vierhundertjährigen Tradition gebrochen und sich eine evangelische Frau genommen hatte. Lenchen war in der freikirchlichen Welt beheimatet und konnte sich schwer etwas anderes vorstellen. Julie hatte noch keinen Zugang zur Schwiegermutter, das spürte man. Wie sollte auch dieser junge Mensch, in gepflegten, sorgenfreien Verhältnissen aufgewachsen, nachfühlen können, welche Lasten eine Witwe mit so vielen Kindern zu tragen hatte? Sie hatte es gelernt, die Dinge zu nehmen, wie sie sich fügten. Was an ihr lag, so sollte die anders geartete Schwiegertochter eine gute Mutter in ihr finden, die ihr genügend Raum lassen wollte. Sie war eine fromme Frau und faltete an diesem Tag mehr als einmal heimlich die Hände unter dem Tischtuch. Denn leicht würde es nicht werden, so viel war ihr klar.
Wieder setzte eine junge Frau ihren Fuß über Breitenaus Schwelle. Die wertvollen Aussteuermöbel, von einem Willsbacher Kunstschreiner angefertigt, mochten sich wohl nicht sofort in die schlichte mennonitische Einrichtung fügen, genauso wie die junge Frau, die vieles anders haben wollte, als es nun einmal war. Es ging gewiß nicht

ohne Heimweh ab; dennoch mag diese Lebensschule für Julies weitere Entwicklung von besonderem Wert gewesen sein.

Man feierte das erste gemeinsame Weihnachten in Breitenau. Julie hatte sich große Mühe gegeben, und der Abend gelang gut. Dennoch fühlte sie sich manchmal ein wenig fremd. Sie war neben hell erleuchteten Kirchenfenstern und den Glocken der Christnacht aufgewachsen. Am Silvesterabend beobachtete Hans seine junge Frau, während sie die Christbaumkerzen entzündete: sie war sehr schmal und blaß geworden. Die Umstellung gestaltete sich schwieriger für sie, als sie zugeben wollte.
»Ich habe solche Angst vor dem kommenden Jahr«, sagte sie, als sie am Arm ihres Mannes in die Schlafstube hinaufstieg.
»Mit mir zusammen brauchst du keine Angst mehr zu haben«, tröstete er sie. »Anno domini 1914. Ich bin so glücklich, daß du bei mir bist.«
Wie gut, daß er nicht wußte, auf welch merkwürdige Art seine Besorgnis gegenstandslos werden sollte!

Gleich nach Neujahr bat Onkel Heinrich seinen Neffen zu einer Besprechung nach Heilbronn.
Wenn Hans fort war, fühlte sich Julie immer ein wenig heimatlos. An diesem dunklen Winterabend holte sie ihn sogar vom Willsbacher Bahnhof ab.
Er sah sehr blaß aus. Dankbar nahm er ihren Arm.
»Wie gut, daß du da bist! Seit heute weiß ich, wie es ist, wenn einem der Boden unter den Füßen weicht!«
Er berichtete, der Onkel wolle wegen eines Bauvorhabens kurzfristig sein ganzes Darlehen zurückziehen. Als Hans erschrocken entgegnete, eine so hohe Summe lasse sich nicht derart rasch aus dem Betrieb nehmen und er habe doch seine Zinsen immer pünktlich bezahlt, schien der Onkel auf diesen Einwand gefaßt.
»Du mußt den Betrieb auf Lichtmeß kündigen, Hans!«

»Breitenau kündigen? In wenigen Wochen? Der Pachtvertrag läuft doch bis 1926!«
Der Onkel war kurz angebunden wie noch nie in seinem Leben. Er wirkte verändert. Familie X., Verwandte seiner Frau, würden sofort in den Vertrag einsteigen, sie seien finanzkräftiger. »Es schien alles schon mehr oder weniger beschlossene Sache zu sein. Dabei stehen Mennoniten doch sonst füreinander ein!«
Wie betäubt kamen die beiden jungen Leute zu Hause an. In der Nacht stand Hans immer wieder auf und lief im Zimmer umher.
»Unsere Existenz ist vernichtet. Wo sollen wir denn hin? Warum? Warum? Dabei stehen wir um vieles besser da als vor einigen Jahren!«

Wenn ich allein bin, wandern meine Gedanken zurück zum schwersten Geburtstag meines Lebens, dem 2. Februar 1914, als ich den Fürsten zu Löwenstein darum bitten mußte, den Hof an Familie X. abgeben zu dürfen.

(Aus einem Brief)

Der Fürst zu Löwenstein trommelte gegen die Fensterscheiben.
»Wollen Breitenau aufgeben, Hege? Und dazu noch so kurzfristig?«
»Ich will nicht, aber ich muß, Durchlaucht!«
»Gewiß, gewiß! Was werden Sie tun?«
»Ich weiß es noch nicht. Darf ich Durchlaucht um ein Zeugnis bitten? Ich werde es brauchen!«
»Selbstverständlich. Wir können Ihnen ein gutes Zeugnis ausstellen. Sie haben vor kurzem geheiratet? Eine evangelische Frau, wie ich hörte? Ja, so ist das!«
Er wandte sich wieder zum Fenster und wischte sich unwirsch über die Augen. Da in diesem Augenblick sein 18jähriger Sohn eintrat, beeilte er sich, seine Rührung zu verbergen.
»Ich habe Sie sehr geschätzt. Leben Sie wohl!« Er sah dem

jungen Mann noch lange in aufrichtiger Bekümmernis nach, bis dieser hinter dem Eingangstor des Schlosses verschwunden war.

Die darauffolgenden Wochen kann man sich für das junge Paar gar nicht hektisch genug vorstellen. In Heilbronn mußte eine Wohnung für Mutter Lenchen und die Waisen gefunden werden. Das Inventar wurde aufgeführt, ausgeschieden, verkauft oder zur Übernahme bereitgestellt. Die Frage nach der eigenen Zukunft blieb im Dunkeln.

Meine Julie war eine überaus liebe und behutsame Trösterin. Sie hat den Schock besser überwunden als ich. Sie war fest entschlossen, sich vor mich zu stellen und sich ganz zu mir und meinem »Konkurs« zu bekennen. Eine für mich überwältigende menschliche Größe! Und das Wesentlichste: unsere Ehe erhielt keinen Riß, sondern wurde fester geschmiedet. Das Unglück band uns erst recht zusammen. Wir waren entschlossen, uns unser Glück nicht nehmen zu lassen, auch wenn wir von jetzt an einen bescheidenen Weg gehen mußten. Es kam dann bald darauf Julies bitterster Geburtstag (28. Februar), an dem wir miteinander zu Fuß nach Willsbach wanderten. Ich als geschlagener Mann...
(Aus einem Brief)

Erst nach Einbruch der Dunkelheit machten sich die zwei jungen Menschen, beide noch keine dreißig Jahre alt, auf den Weg in Julies Elternhaus. Die Möbel waren nach Willsbach vorausgefahren worden.
Oben, auf der freien Höhe, blieb Hans noch einen Augenblick stehen. Es war wie ein böser Traum. Nun mußte er sein ganzes bisheriges Leben zurücklassen: alle Kindheitserinnerungen, alle Hoffnungen, allen heißen Einsatz der Jugendjahre – seine geliebten Felder, die Tiere, die Bäume, die er hatte wachsen sehen, die schönen Wiesenwege, die heimatliche Landschaft im Weinsberger

Tal. Wie fröhlich hatte er als Bub seine Lieder über die Höhe geschmettert:

> *Müßt aus dem Tal ich scheiden...*
> *Es wär mein herbstes Leiden,*
> *mein letzter Gang!*

Der letzte Gang war es nicht, aber der schwerste. Noch als alter Mann konnte Hans morgens beim Frühstück mit wehem Lächeln sagen:
»Heute nacht hat mir wieder mal geträumt, wir müßten nun doch nicht von Breitenau weg.«
Gescheitert – es ist einer der entscheidensten Augenblicke im Leben eines Menschen, wenn er plötzlich dieser Tatsache gegenübersteht. Dabei ist es im Grunde einerlei, ob es sich «nur« um das »Durchgefallen« eines sich mühenden Schuljungen oder eines mutigen und von seiner guten Sache überzeugten Wahlkandidaten handelt; um die Vergeblichkeit eines jahrelangen, bis zum Letzten geleisteten Einsatzes in Beruf, Politik und Wissenschaft; um das Zerbrechen einer in großer Herzensbewegung begonnenen Lebensgemeinschaft; um die heiße und dennoch unfruchtbare Hingabe bei der Erziehung eines Kindes; um das tapfere Ankämpfen gegen ein körperliches Leiden, das dann doch den Sieg davonträgt oder um das Erliegen in unedlem Konkurrenzkampf. Ja, es ist heiliges Land, denn jetzt ringen alle Gewalten mit dem einsamen Menschenherzen: Bitterkeit, Enttäuschung, Scham und Angst, Schuldgefühl, Neid, Schwäche oder Haß. Aber wer am Gescheitertsein nicht zerbricht, der baut ein neues Leben in sich auf. Denn nun steigen aus noch größerer Tiefe zaghaft andere, stärkere, wahrhaftigere Kräfte empor: Opfer, Verzicht und Leiden geben dem getroffenen Menschen eine ganz eigene Würde.
»Es gibt kein ganzer Ding als ein zerbrochen Herz.«

»Geh mit dem Großknecht zum Düngerstreuen auf den Hirschlesacker, das kannst du besser als wir alle!« sagte am anderen Morgen der Vater Barth zu seinem jungen Schwiegersohn und sah ihn freundlich an.
Hans wagte sich kaum auf die Dorfstraße. Er glaubte, den Triumph mancher Dörfler zu spüren, an deren Kuhfuhrwerken er früher mit seinem Kütschlein so flott vorbeigefahren war. Er legte sich die Düngerwanne um die Schultern und begann den Acker entlang zu schreiten. Hier hatte er wenigstens Boden unter den Füßen, und der rauhe Vorfrühlingswind brauste ihm vertraut um die Ohren.
»Du bist nun Knecht im Hause deines Schwiegervaters«, sagte er sich, »nimm es geduldig an – es ist Gottes Weg mit dir! Tue treu deine Pflicht und trage dein Schicksal im Gehorsam!«
Da wurde er wieder ganz getrost, holte tüchtig aus und streute den Dünger mit geübtem Griff.
Ohne das Wissen um jene einsame Stunde auf dem fremden Acker läßt sich Hans Heges spätere Wirkung auf die Menschen nicht in ihrer ganzen Tiefe verstehen. Hier wurde er frei – frei von der Mittelmäßigkeit behaglich bürgerlichen Denkens, frei von konventionellen Wertvorstellungen. Von jenem Tag an gewann sein Leben stetig wachsend jene unbestechliche Ausgewogenheit, die sich erst dann entwickeln kann, wenn im Mittelpunkt nicht mehr das eigene »Ich«, sein Glanz und seine Wichtigkeit, sondern die Frage nach höherer Verantwortung steht.
Als er die erste Ackerfurche wieder zurückschritt, eilte ihm seine junge Frau entgegen. Freund Heinrich Eckhardt hatte ein Telegramm geschickt. Er hatte von dem überstürzten Wechsel in Breitenau gehört und bat Hans, mit ihm zusammen eine Pachtung im Badischen, in Hohenwettersbach, zu übernehmen. Da er unverheiratet sei, brauche er auch Julies Hilfe.
»Eine Ackerfurche lang«, sagte Hans später oftmals, »eine Ackerfurche lang sollte ich geprüft werden. Als ich

meine Lage innerlich angenommen hatte, stand die Hilfe bereit.«
Nicht zuletzt half ihm auch die tatkräftige Frische seiner jungen Frau, deren ureigenste Kraft sich in solch ausweglos erscheinender, demütigender Situation erst in ihrem vollen Reichtum entfalten konnte.
War Heinrichs Angebot ein Fingerzeig? Hans und Julie sagten postwendend zu. Bald darauf boten die badischen Mennoniten ihre Hilfe an; sie hatten diese und jene brauchbaren Vorschläge. Für Hans aber gab es kein Zurück mehr.
Er hat sich Jahrzehnte später, kurz vor seinem Tod, noch mit dieser schwerwiegendsten Entscheidung seines Lebens auseinandergesetzt, denn sie zog andere Entscheidungen nach sich. Aber dann hat er alle Zweifel und Fragen abgeschlossen in dem festen Vertrauen, daß dieser Weg und kein anderer Gottes Gang mit ihm gewesen sei.
In den Lesefrüchten meiner Mutter ist aus jenen Tagen ein Wort von Hölderlin datiert: *Tritt auf dein Leid – und du stehst höher.*

Der Erste Weltkrieg

Eine Wegstunde von Karlsruhe entfernt liegt das Hofgut Hohenwettersbach, damals im Besitz des Baron von Schilling. Es ist mitten ins Dorf hineingebaut, aber die Felder liegen frei und in ebenem Gelände.
Es war ein gutes Arbeiten. Auch Julie fühlte sich bald wohl. Die beiden Freunde Hans und Heinrich hatten Interesse an der Pflanzenzucht und machten ihre ersten Versuche mit Winterweizensorten.
Julie richtete sich in einem bescheidenen Häuschen am Dorfrand ein, weil das Pächterhaus nicht frei war. In mancher Hinsicht empfand sie diese Art des Wirtschaftens leichter als in dem großen Breitenauer Haushalt. Kaum

aber war Behaglichkeit und Ruhe in dem kleinen Haus eingekehrt, als Vater Barth in Willsbach lebensgefährlich erkrankte. Am 22. Juni 1914 schloß er, erst 56jährig, für immer die Augen. Hinterher empfand Julie, die sehr an ihm hing, dieses Datum als eine Gnade für den vaterlandstreuen Mann.

Drei Tage nach der Beerdigung ereignete sich in dem fernen, hochgelegenen Balkanstädtchen Sarajevo (1984 erneut durch die völkerverbindende Olympiade bekannt geworden) eine Tragödie: der österreichisch-ungarische Thronfolger Franz Ferdinand und seine Frau wurden von serbischen Verschwörern erschossen. Diese Schüsse, was haben sie angerichtet! Waren es Schüsse ins wohlvorbereitete Pulverfaß? Bald waren alle Staaten übereinander hergefallen, und die Selbstzerstörung Europas hatte begonnen.

»Mobilmachung, Mobilmachung!« tönte es am 4. August durch Zeitungen und Telefone. Es war ein heißer Sommertag. In Hohenwettersbach hatte die Ernte begonnen. Hans prüfte gerade seine ersten pflanzenzüchterischen Ergebnisse.

»Es ist nicht zu beschreiben, mit welcher Naivität wir damals alle in den Krieg taumelten«, erzählte Hans später seinen Enkeln. »Wir fühlten uns völlig unschuldig am Ausbruch. Ich kenne nur noch Deutsche!« rief Kaiser Wilhelm siegesgewiß. Der nationale Aufbruch war ungeheuer, und das großsprecherische Gehabe durchschauten wir nicht.«

»Aber ihr wart doch Mennoniten, Großpapa! Habt ihr den Kriegsdienst nicht verweigert?«

»Wir kamen gar nicht auf den Gedanken. Unser Volk war in Not geraten, wir hatten Frauen und Kinder zu schützen und uns siegreich aus dem Würgegriff zu befreien. Und anfangs läuteten die Siegesglocken ja oft genug. Wir Ahnungslosen!«

Auch Hans und alle seine Brüder bekamen den Stellungsbefehl und wurden zur Musterung einberufen. Als Hans

in der Reihe mit vielen anderen vor dem untersuchenden Militärarzt stand, bekam er solch starkes Herzjagen, daß es dem Doktor mit seinem Stethoskop fast den Atem verschlug. Er schüttelte den Kopf:
»Der wird nicht alt. Wehruntauglich.«
Hans war erschrocken und enttäuscht. Er hatte sich bisher, wenn auch von zarter Konstitution, für gesund gehalten. Auch Julie war betroffen. Von da an waren beide, was seine Gesundheit anbetraf, nie mehr ganz unbefangen. Und es war tatsächlich so: nur eiserne Selbstdisziplin hielt seinen Körper im Gleichgewicht.
Bereits in den nächsten Tagen wurde der Betrieb für Heereslieferungen eingeteilt. Die nahe französische Grenze machte ihn geeignet zur Versorgung der Pferde mit Futter und Einstreu. Hans war sehr stolz auf seine selbst erfundene, prächtig arbeitende Obst- und Gemüsedarre.
Die anderen Brüder zogen in den Krieg. In blumengeschmückten Eisenbahnzügen fuhren die singenden Soldaten an die Front. An den Waggons standen Kreidekritzeleien: *Serbien muß sterben! Auf Wiedersehen in vierzehn Tagen!* Die jungen Männer winkten fröhlich zu den Fenstern heraus – und fuhren in eine Hölle.
»Wie schrecklich anders ist alles in diesem Jahr!« seufzte Julie beim Eintritt ins Jahr 1915. »Letztes Jahr haben uns noch jegliche Begriffe gefehlt!«

Während ringsum Söhne, Väter und Ehemänner fielen, durften Hans und Julie neues Leben erwarten. Im September 1915 wurde ihnen der erste Sohn geschenkt. Dumpf tönte der Kanonendonner von der nahen französischen Grenze in die Karlsruher Klinik, in welcher der kleine Rolf seine ersten Atemzüge tat. Im Rückblick scheint es, als sei in diesem Schießen schon früh die Melodie seines Lebens angeklungen: dieses Kriegskind sollte in besonderem Maße in das tragische Geschick unseres Volkes hineinverflochten werden.
Die Geburt war schwer gewesen. Erschöpft und traurig

lag Julie in ihren Kissen, denn es war zwischen den Eltern abgesprochen worden, daß die Söhne die Konfession des Vaters, die Töchter die Konfession der Mutter erhalten sollten. Wie? Dieses Kind, das so klein und zart als Gottesgeschenk in seinem Körbchen lag, sollte ungetauft bleiben? Das war unvorstellbar.
Kurz entschlossen meldete Julie es zu der damals viel geübten Kliniktaufe an. Als Hans zu Besuch kam, sagte sie wie nebenbei:
»Ich hab' unser Büble taufen lassen, eine Nottaufe sozusagen. Weißt du, es ist so schwach. Wenn ihm etwas geschähe, ich könnt' es nicht ertragen!«
»Und du hast nicht so viel Vertrauen aufgebracht, mit mir darüber zu reden, so daß wir gemeinsam einen guten Weg gefunden hätten?« gab Hans zurück.
Mehr sagte er nicht. Still ging er nach Hause. Julie spürte seine Betroffenheit; sie hatte ihn durch ihren Mangel an Aufrichtigkeit zutiefst verwundet.
Als anderthalb Jahre später Rolfs Brüderlein Albrecht geboren wurde, war die Erwachsenentaufe kein Problem mehr für sie. Wieder war die Ehe auf eine Probe gestellt worden, und beide Eltern hatten sie vorzüglich bestanden, weil jedes der beiden sich mit allen Kräften in den Partner einfühlte, den Wahrheitsgehalt der anderen Konfession im Tiefsten zu begreifen suchte und in aufrichtigem Ringen zu wesentlicheren Glaubensinhalten durchrang. Beide lernten Form und Inhalt unterscheiden, Unwesentliches abzustreifen und wuchsen über Äußerlichkeiten hinaus. Was auf konfessionsverschiedene Ehen oft einen bleibenden Schatten wirft, wurde ihnen und damit uns Kindern zu einem Segen, der ihr Gewissen schärfte und ihr Herz weitete.

Das Kriegselend stieg von Monat zu Monat. Im Sommer ging es noch, aber der Winter 1916/17 wurde schrecklich und ging als »Kohlrübenwinter« in die Geschichte ein. Hans und Julie hatten alle Hände voll zu tun, Not zu lin-

dern oder mit Rat und Tat zur Seite zu stehen. Die Brüder waren an allen Fronten, doch kam immer wieder einmal ein Feldpostbrief, der ihr Überleben meldete.
Amerika war inzwischen auch in den Krieg eingetreten. Im Herbst 1917 brach in Rußland die Revolution aus. Die Schwester Frida war mit Mann und vier Kindern dort, und alle sorgten sich um sie. Die kleine mennonitische Gemeinschaft, deren Mitglieder sich in fast allen Teilen der Welt befanden, hat in unserem Dasein von früh an die Probleme und Nöte auch der uns verfeindeten Völker wach gehalten, und das naive Freund-Feind-Denken nicht aufkommen lassen.
Auch die vierzig in Hohenwettersbach auf dem Hof arbeitenden Franzosen wurden nicht als Feinde betrachtet. Sie waren ausgesprochen zufrieden mit ihrem Los, und es gab sehr tüchtige Leute darunter.

In den Nachlaßpapieren meines Vaters fand ich aus jenen Jahren einen kleinen Zettel, der mir wie ein Stern in dunkler Nacht erscheint. Es ist ein Lieferschein aus dem Jahre 1917. Er bescheinigt den Kauf eines Klaviers. Hans hätte die Verwirklichung dieses Herzenswunsches nie gewagt, wenn er nicht schuldenfrei gewesen wäre und die Mittel dafür hätte flüssig machen können. Die jungen Leute standen wirtschaftlich gut da.
Das erste eigene Möbelstück war also, außer einem alten Schreibtisch, ein Klavier. Es bedeutete für Hans ein Stück Leben. Von da an mag es nur wenige Tage in seinem Leben gegeben haben, an denen er nicht am Abend, trotz der Kriegsereignisse, ein Lied oder einen Choral spielte. Mit seiner vollen weichen Baritonstimme sang er dazu und besonders gerne sang er an Sonntagabenden für seine Frau ein Volkslied, dessen Text aus dem 30jährigen Krieg stammt, das Lied vom Ännchen von Tharau:

> *Käm alle Wetter gleich auf uns zu schlahn,*
> *wir sind gesinnt, beieinander zu stahn.*

Krankheit, Verfolgung, Betrübnis und Pein
soll unserer Liebe Verknotigung sein.

Das Jahr 1918 begann, aber es war noch kein Ende des Krieges abzusehen. An einem Januarabend, nachdem die beiden kleinen Buben nebenan friedlich eingeschlafen waren, saßen Hans und Julie lange in der Wohnstube beisammen, um sich in dieser trostlosen Zeit über ihre Zukunft zu beraten. Sie waren vorwärts gekommen; aber nun fand die Aufgabe in Hohenwettersbach ihren Abschluß. Heinrich Eckhardt schickte sich an, eine eigene Familie zu gründen.
Die badische Landwirtschaftskammer schrieb:
Hans Hege hat es verstanden, den Gutsbetrieb in Hohenwettersbach in wenigen Jahren in einen musterhaften Betrieb zu verwandeln.
Wie aber sollte es weitergehen?

Meiner Frau widerstrebte es, Pächter zu sein. Wir suchten deshalb ein kleineres Hofgut zu kaufen. Das war freilich in diesen Kriegszeiten fast aussichtslos. Im Hohenloheschen, in der Nähe von Schwäbisch Hall, bei Kupferzell, war uns schließlich, nachdem wir vielfach gesucht hatten, ein solches angeboten worden.
Das Gut gefiel mir nicht. Bei der Besichtigung führte mich aber mein Weg zum Bahnhof zufällig an der einsam gelegenen königlichen Domäne Hohebuch vorbei. Ich sah den fast 200 ha großen Betrieb zum ersten Mal, ich hatte zuvor nur Nachteiliges von ihm gehört. Ich dachte bei mir selbst, aus diesem Gut müßte sich doch eigentlich etwas Brauchbares machen lassen. Aber es war fest verpachtet, und ich vergaß es wieder.
Da ereignete sich etwas für mich sehr Merkwürdiges: Wenige Wochen später wurde Hohebuch zu einer Neuverpachtung ausgeschrieben.

(Aus einem Bericht)

Mit dem Württembergischen Wochenblatt für Landwirtschaft in der Hand eilte Hans in die Waschküche, wo Julie mit dem Einweichen von Windeln beschäftigt war.
»Um Himmelswillen – Hohebuch!« rief Julie. »Laß die Hände davon! Ich kenne Leute, die dort gepachtet hatten, es ist ein Bruchhof. Wenn es regnet, verwandelt sich das ganze Gelände in einen sumpfigen See!«
»Ich habe den Hof gesehen. Gewiß, er ist heruntergekommen. Aber man könnte etwas aus ihm machen.«
»Hans, es ist eine fixe Idee! Meinst du, die württembergische Hofkammer hätte es nötig, in heutiger Zeit einen brauchbaren Hof überhaupt auszuschreiben? Hundert Leute hätten sich unter der Hand schon danach gedrängt.«
»Ja, weil er im Augenblick ungepflegt ist. Aber das ließe sich ändern.«
»Und das rauhe hohenlohesche Klima, die nassen, kalten, schweren Böden – wie willst du so etwas ändern?«
»Man züchtet Pflanzen, die in solch einem Klima gedeihen. Und den Boden verbessert man durch entsprechende Kulturen, vernünftige Düngung und gründliche Bearbeitung. Die Motorpflüge sind im Anmarsch. Julie, ich habe den Hof gesehen: er liegt gleich neben der Bahnstation, wie wertvoll ist das heutzutage! Und er ist völlig arrondiert, in der Ebene gelegen, ohne das bergige Auf und Ab von Breitenau!«
»Aber Hans, dann hätten wir wieder nichts Eigenes. Sollen wir unser Leben lang für fremdes Gut arbeiten?«
Hans fährt fort:

Meine Frau wehrte sich energisch gegen den Gedanken einer Pachtung. Hätte mich der »Zufall« nicht wenige Wochen zuvor an Hohebuch vorbeigeführt, so hätte ich die Ausschreibung gar nicht beachtet. So aber wollte ich eine nähere Besichtigung vornehmen; ich tat dies in Begleitung von zwei sachverständigen Freunden.
Der März 1918 war schön und trocken. Der Hof präsentierte sich im Sonnenlicht recht vorteilhaft.

Seine Frau mußte Hans im April fast ein wenig zur Besichtigung schleppen. Trotz des herrlichen Frühlingstages ließ sie sich nicht bestechen.

»Mir ist nicht romantisch zumute, Hans. Das Hohenlohesche ist ein Land ohne Wein und ohne Nachtigallen.«

Sie sah weniger die großzügige, fränkische Hofanlage als den alten Ziehbrunnen vor dem Haus, der bedeutete, daß noch kein fließendes Wasser vorhanden war. Sie sah den zwar schön angelegten, aber doch völlig verwilderten Garten mit seinem grobschollingen Tonboden. Sie sah das langgestreckte, hübsch gebaute Pächterhaus, aber die Hühner hüpften gackernd aus den Fenstern des unteren Stockwerks. Als Hans sie auf die Anhöhe führte, um ihr das majestätisch vor ihr liegende Waldenburg zu zeigen, sagte sie:

»Der Süden ist mit Bergen vermauert, da wird es den Regenwolken bei uns gefallen.«

Hans sah seine Frau verwundert an:

»So kenne ich dich gar nicht.«

Da gab sie sich einen Ruck.

»Ich merke, dein Herz hängt bereits an diesem Hof. Die Schwierigkeiten locken dich geradezu, du Idealist! Ich habe dir mein Jawort gegeben, das gilt für alle Zeiten! Pakken wir's!«

Hans fährt fort:

Trotz der Warnung meines Onkels: ›Die Pachtherrschaft kann ich dir empfehlen, den Hof nicht‹, gab ich mein Pachtangebot ab. Meine Bewerbung wurde freundlich aufgenommen. Unter vielen Angeboten (Industriefirmen kauften und pachteten in jener Zeit alles, was zu bekommen war) erhielt ich den Vorzug. Der Pachtvertrag wurde im April 1918 abgeschlossen, die Übernahme sollte am 2. Februar 1919 erfolgen.

Die größte persönliche Sorge war mir die Beschaffung von Lebensmitteln und Inventar. Es gab nirgends etwas zu essen oder zu kaufen. Der Vorpächter verweigerte mir jeglichen

Ankauf seines toten oder lebenden Inventars. Er war auch nicht bereit, die Felderbestellung entsprechend durchzuführen. Ich wußte, daß der Übergang von einer Pachtung zur anderen schwierig ist. Aber so geradezu ausweglos, bedingt durch die Kriegsverhältnisse, hatte ich es mir doch nicht vorgestellt gehabt. Ich war in echter Not.

(Aus einem Bericht)

Es mag ein seltsamer Septembertag gewesen sein, an welchem der 33jährige Hans Hege voller Zukunftssorgen die Ländereien seiner kommenden Wirkungsstätte abschritt. Sein Zug fuhr erst gegen Abend zurück – die Verbindungen vom Württembergischen Königreich ins Badische waren schlecht – so hatte er Zeit und gelangte schließlich am Rande der Hohebucher Felder an eine alte, verkommene Landbrauerei, die einst als Posthaltestelle und Umspannstation von Thurn und Taxis an der Straßenkreuzung Würzburg-Stuttgart und Nürnberg-Karlsruhe gedient hatte. Seit dem Bau der Eisenbahn lag sie im Dornröschenschlaf. Eine Stuttgarter Großbrauerei benützte das stillgelegte Anwesen als Bierniederlage. Ein einsamer Aufseher schlenderte in dem weitläufigen Gelände umher und fragte den jungen Fremden:
»Wollen Sie die Brauerei kaufen? Sie ist wohlfeil zu haben. Jetzt, im Krieg, wissen die Stuttgarter nichts damit anzufangen.«
Zeigte sich hier ein Ausweg? Nach Rücksprache mit seinen Freunden überlegte sich Hans einen Kauf; finanzielle Hilfe wurde ihm gerne zugesichert.
Über die Umstände dieses Kaufes mußte er sich ein Leben lang wundern. Als er wenige Tage später zu den Verhandlungen nach Stuttgart fuhr, saßen die Herren der Großbrauerei samt Notar bereits ungeduldig am Tisch.
»Wir erwarten seit zwei Stunden eine Firma aus Schwäbisch Hall, die kaufen möchte. Aber sie scheint kein Interesse mehr zu haben. Das Projekt läßt sich halt schwer veräußern. Wenn Sie kaufen wollen – unser Notar, der drin-

gend weiter muß, ist bereit, den fertigen Kaufvertrag auf Sie auszustellen.«

Kaum hatte Hans die sehr günstigen Bedingungen unterschrieben, als die Herren aus Schwäbisch Hall anrückten. Sie hatten eine Reifenpanne gehabt, die in Kriegszeiten schwer zu beheben gewesen war. (Es scheint aber, daß sie anschließend nicht untröstlich wieder abzogen.)

Ein wenig unheimlich war es dem jungen Brauereibesitzer, als er am Abend zu seiner Familie zurückkehrte. Es war so atemberaubend schnell gegangen. Jedoch war der Start nun gesichert. Ein junger einsatzbereiter Verwalter bestellte von dort aus die Wintersaaten, pflügte, brachte Vieh und Fahrnis, Wagen und Maschinen unter. Da der Vorpächter erst am Tag seines Abzugs sein Inventar meistbietend zu versteigern gedachte, konnte man es nicht darauf ankommen lassen, was dann noch, womöglich recht teuer, zu ergattern war. In der Nähe gab eine Gastwirtschaft ihren Betrieb auf. Es gelang, Geschirr, Tische, Stühle, Betten und auch sonst viel Nützliches dort aufzukaufen. So konnte die reibungslose Übernahme der Domäne gut vorbereitet werden. Der Bericht schließt:

Nach dem Krieg versuchte ich das Brauereianwesen wieder zu verkaufen. Aber es war unmöglich, und so mußte ich es behalten. Ich richtete eine landwirtschaftliche Reparaturwerkstätte, eine Stellmacherei und eine Mälzerei dort ein. Schließlich verpachtete ich alle drei, so erhielt ich wenigstens die nötigen Schuldzinsen.

Warum gerade diese Episode so ausführlich beschrieben wurde, werden wir in einem späteren Abschnitt sehen.

Von September bis Lichtmeß blieben dem jungen Paar noch knapp fünf Monate für den Umzug. Aber welch schwergewichtige Wochen sollten daraus werden! Da war zuerst der »schwarze Tag«, der 9. November 1918, der, von den Matrosen der Hochseeflotte ausgehend, die Revolution in Deutschland auslöste. Der Kaiser hatte abzudanken und floh nach Holland. Der vielgeliebte württembergische König wurde aus Stuttgart verjagt. Die aus dem Krieg zurückflutenden deutschen Truppen überschwemmten Haus und Hof in Hohenwettersbach. Die sogenannten »Roten« führten ein Regiment, das Julie später immer ein wenig an die französische Revolution erinnerte, auch wenn nicht gerade Köpfe rollten. Eine Einquartierung folgte auf die andere. Dazu kam empfindlicher Nahrungsmittelmangel. Die bisher sehr friedlich gewesenen französischen Gefangenen wurden nun aufsässig, denn sie strebten umgehend nach Hause.

Zu guter Letzt brach plötzlich eine Grippe-Epidemie aus, die über Spanien und Frankreich eingeschleppt worden war. Man nannte sie deshalb die »spanische Grippe«, sie war heimtückisch, und die von Hunger und Entbehrung geschwächten Menschen fielen ihr zum Opfer.

Schließlich gelangte, trotz aller Vorsichtsmaßnahmen, die Epidemie auch ins Lager der Franzosen. Sofort wurde streng gesperrt. Da die gesunden Franzosen aber aus Angst vor der Ansteckung sich nicht um ihre erkrankten Kameraden kümmerten, waren diese in einer verzweifelten Lage. Aufgeregt eilte der Wachmann zu Hans und Julie.

»Was sollen wir nur machen?« rief er.

Julie, übernächtigt, denn sie hatte viele Pflegefälle im Dorf übernommen, fütterte gerade ihre kleinen Buben, um sie ins Bett zu bringen.

Forschend sah sie zu ihrem Mann auf. Entschlossen erhob sie sich und strich ihre Schürze glatt.

»Sag du es, was geschehen soll, Hans.«

Er sah sie lange an.

»Nein, Julie, du kannst die Pflege nicht auch noch übernehmen. Außerdem hast du kleine Kinder. Womöglich steckst du dich an.«

»Sie aber haben keinen Menschen. Sie sind gefangen, ohne Heimat, mit uns verfeindet, sie brauchen meine Hilfe.

Ich bin ausgebildete Krankenschwester und weiß, wie ich mich zu verhalten habe. Die Kinder kann ich gut unserem Mädchen anvertrauen.«
Danach schwieg sie beharrlich, als sei es ihr letztes Wort in dieser Angelegenheit gewesen.
Langsam trat Hans ans Fenster.
»*Mußt* du es tun?«
Sie nickte. Tränen traten in ihre Augen.
Im Spiegel der Fensterscheibe sah sie, wie er mit sich kämpfte. Dann wandte er sich entschlossen um.
»Tu, was du tun mußt. Wir stehen in Gottes Hand.«
In der Tat hat Julie sich in jenen Tagen der Überforderung im Gefangenenlager der Franzosen angesteckt. Sie hat sich eine gefährliche Eigenbehandlung zugemutet, denn ihr Mann durfte das zunächst nicht merken. Er erfuhr erst davon, als sie alles überstanden hatte. Aber sie hat den jungen Männern entscheidende Hilfe gebracht, auch wenn es für die Ersterkrankten bereits zu spät war, sie starben fast alle. Noch lange hörte sie in ihrem Herzen das Stöhnen der Sterbenden, wenn sie nach ihr riefen, wie sie es von den beiden Bübchen gehört hatten: »Mutterle, o Mutterle!«
Kurz vor Weihnachten wurde die Sperre aufgehoben, und die Franzosen machten sich zum Heimattransport fertig. Nacheinander kamen sie, um sich bei »Mutterle« zu bedanken. Es war kein leichter Gang für sie, man sah es ihnen an. Die Jämmerlichkeit, mit der sie ihre Kameraden im Stich gelassen hatten, so daß eine deutsche Frau sich für sie hatte einsetzen müssen, beschämte sie.
»Wir nicht Sieger, wir nicht!« sagten sie leise, als sie Julie die Hand zum Abschied küßten.
Aus jenen Tagen ist ihr der Name »Mutterle« bis an ihr Lebensende geblieben. Wie viele Frauen und Männer haben uns seither bestätigt, daß Frau Hege für sie als junge Menschen in jeder Beziehung eine Mutter gewesen sei. Daß man sie zwanzig Jahre später »Mutter des Hohenloher Landes« nennen würde, hätte sie sich freilich damals nicht vorstellen können.

Endlich, zu Weihnachten, kehrte wieder einigermaßen Ruhe ein. Aber die Depression über den verlorenen Krieg und den Zusammenbruch des Deutschen Reiches legte sich schwer auf die Gemüter. Kein Mensch wußte, wie es weitergehen sollte.

Nach Neujahr 1919 wurde der Umzug nach Hohebuch in die Wege geleitet. Den beiden jungen Leuten war manchmal, trotz der Vorfreude auf etwas Neues, »Eigenes«, recht bang zumute. Hatten sie sich am Ende mit der Führung eines so großen Hofes nicht doch übernommen? Und machte die schwere Nachkriegszeit nicht alle Berechnungen und Pläne zunichte?

In Hohebuch

Ja, solch ein alter Hof – wenn er erzählen könnte! Im Dachstuhl des sich von Ost nach West erstreckenden, schmalen, langen Wohnhauses von Hohebuch befindet sich ein Querbalken, der die Jahreszahl 1758 trägt. Das gemütliche Haus könnte davon erzählen, daß der Hof gar oft den Besitzer gewechselt habe, daß im 19. Jahrhundert vermögende Verwandte des Dichters Eduard Mörike ihre Heimat hier hatten und daß der Dichter wohl auch einmal, von Schwäbisch Hall oder von Mergentheim kommend, beim Vetter eingekehrt ist. Von den sechs Kindern wollte aber keines den schwierigen Hof übernehmen, und so verkaufte die Witwe Mörike ihn schließlich (1889) an das württembergische Königshaus. Von da an löste kurzfristig ein Pächter den anderen ab. Auch tüchtige Pächter hielten nie lange durch. Wenn das alte Haus weiter plaudern könnte, würde es hinzufügen: »Ich mache mir fast ein wenig Sorge, wie das gehen mag mit den beiden wagemutigen Leuten! Nun, was an mir liegt: die Hälfte des Hauses geht nach Süden, da ist viel Sonne und der herrliche Blick nach Waldenburg, daran können sie sich immer wieder neu erfreuen!«

Anfangs war es eine fast nicht zu bewältigende Aufgabe. Nach der Entrümpelung mußten Wasserrohre und elektrische Leitungen gelegt, Mädchen- und Volontärzimmer geschaffen werden. Ställe und Scheunen wurden instandgesetzt, Landarbeiterwohnungen gerichtet, der fußhoch verschmutzte Hofraum geebnet. Der Garten wurde angelegt und war bald im Kranz seiner ehrwürdigen, hohen Bäume ein herrlicher Park mit Rosenbüschen, einem niedlichen Gartenhäuschen, und, zusammen mit Mutters Blumenrabatten, ein immerblühendes Paradies. Die verunkrauteten Felder wurden tiefgepflügt, und die verwilderten Obstbäume ausgelichtet.

Zunächst lief alles recht gut. Eine prächtige Mannschaft von jungen Männern und Mädchen, mit einer Art Pioniergeist ausgestattet, half mit, den Karren buchstäblich »aus dem Dreck« zu ziehen.

Inzwischen vollzog sich in Versailles bei Paris die Unterzeichnung des unglückseligen Friedensvertrages, der schon den Keim kommenden Unheils in sich barg. Unsummen von Reparationszahlungen wurden angeordnet und dem deutschen Volk die Alleinschuld am Krieg zugeschoben.

Im zweiten Hohebucher Jahr wurde ich geboren.
»Du warst unsere erste Freude in der bitteren Hohebucher Anfangszeit«, schrieb mir mein Vater im letzten Brief seines Lebens. Als Töchterchen sollte ich nach der Konfession der Mutter erzogen werden. Einer schlichten Kliniktaufe stand nichts im Wege. Von großen Tauffeierlichkeiten sah meine Mutter in weiser Rücksicht ab.

Die ersten drei Jahre brachten gute Ernten. Hans machte sich viele Gedanken, wie man die schwere Arbeit für Menschen und Tiere erleichtern könne. So wagte er als erster in der Umgebung den Einsatz eines Schleppers, damals eine recht kostspielige, risikoreiche Anschaffung, die sich aber bald als sehr hilfreich erwies. Staunend sahen die Nachbarn, wie der alte, verkommene Hof in kurzer

Zeit sein Gesicht wandelte. Gerne schickten sie ihre Söhne und Töchter für ein Jahr zur Ausbildung dorthin, so daß es nie an willigen und fleißigen Händen fehlte.

»Es muß so ordentlich auf unserem Hof sein, daß es auffällt, wenn Unaufgeräumtes herumliegt«, sagte Hans Hege.

Sobald eine Geschirrkammer eingerichtet werden konnte, in welcher Rechen, Hacken, Sensen, Gabeln und andere Handgeräte ihren Platz finden sollten, befestigte er eine schön geschriebene Tafel an die Decke:

*Jedes Ding an seinen Ort
spart viel Zeit und böse Wort.*

Das Jahr 1922 kam. Tage- und nächtelang gluckerten die Hohebucher Dachrinnen, es regnete und regnete und wollte kein Ende nehmen. Oft stand das Mutterle nachts am Fenster und meinte, sie müsse verzweifeln. Denn nun trat ihre Befürchtung ein: Hohebuch verwandelte sich in einen See, alle Saaten ertranken. Hans schreibt:

Ich mußte die württembergische Hofkammer bitten, sich die Lage anzusehen.
Präsident Graf Stauffenberg kam persönlich mit Hofkammerrat Schickhardt. Sie waren erschüttert.
Ich stand vor der Wahl, entweder die Domäne wieder zu verlassen (mit einem Berg Schulden) oder eine umfassende Entwässerung durchzuführen.
Ich habe dann aus eigenen Mitteln eine Strecke von 150 Kilometern drainiert. Die Ausführung hat die Siemens Bau-Union übernommen, die mit einem alten Schützengrabenbagger anrückte. Er versagte zuerst vollkommen, wurde von mir umgebaut und arbeitete dann tadellos. Ich habe erhebliche Mittel in die Drainage gesteckt und mußte erneut Schulden machen. Trotzdem war nur ein kleiner Teil dessen erreicht, was in Hohebuch nötig war.

(Aus einem Bericht)

Die Situation war wohl auch deshalb so ernst, weil Hans und Julie wußten: Wenn wir jetzt noch einmal scheitern, dann werden wir an uns selbst irre. Die durchgreifende Drainage war eine Pionierarbeit von großer Kühnheit. Sie fand im Laufe der Jahre viele Nachfolger. Man hatte es bisher für ausgeschlossen gehalten, solche großen Flächen zu drainieren.

Unsere Mutter setzte sich mit allen ihr zu Gebote stehenden Mitteln ein: Sie veranlaßte den Vater zur Züchtung des »schwäbisch-hällischen Landschweines«, sie kümmerte sich persönlich um jeden Wurf und war sehr geschickt in der Aufzucht der niedlichen, aber empfindlichen Ferkelkinder. Hans war von Natur aus mehr Pflanzenzüchter, später entwickelte er hierin geradezu eine Leidenschaft. Aber Pflanzenzucht ist eine Sache, die viel Anfangskapital erfordert und neben der züchterischen Begabung auch ein gewisses Maß an »Züchterglück« braucht.

Im Herbst 1922 wurde unser Brüderlein Joachim geboren, ein ausnehmend liebreizendes Kind. Die Geburt war nicht gut gegangen.

»Vier Kinder – dabei bleibt es nun!« sagte der Arzt ernst. Die Mutter nickte.

»Wenn sie alle vier brauchbare Menschen werden, ist genug geleistet.«

Wiederum stellte sich die Frage nach der Kindertaufe. Das Mutterle hatte inzwischen aber so viele charaktervolle Mennoniten kennengelernt, daß sie keine Bedenken mehr hatte, ihre Kinder in dieser freikirchlichen Gemeinschaft aufwachsen zu lassen. Der Vater hingegen hatte die entgegengesetzte Entdeckung gemacht: er hatte die reicheren Möglichkeiten der großen Kirchen mit Staunen erlebt, den sorgfältigen Religionsunterricht, Jugend- und Frauenarbeit, schöne Gottesdienste und von ernster Verantwortung geprägte Pfarrer. Beide Eltern kamen einander in liebevollem Streit entgegen. Schließlich behielt der Vater das letzte Wort:

»Zwei unserer Kinder sind bereits getauft. Wir lassen sie alle taufen. Eure Konfirmationen, wenn sie im richtigen Geist aufgefaßt werden, sind würdevoller und festlicher als unsere Taufen und im Grunde meinen sie dasselbe.«
So wurde der kleine Joachim zusammen mit Albrecht in Hohebuch getauft. Unser Vater hat sich aber dennoch, so weit es ihm möglich war, treu an die ihm angeborene mennonitische Gemeinschaft gehalten.

Inzwischen wurde die Inflation mehr und mehr spürbar. Die Drainagearbeiten mußten mit Naturalien abgegolten werden. Geld besaß keinen Wert mehr. Ich erinnere mich noch dunkel an nagelneue Münzen und Scheine, die wir Kinder zum Kaufladenspielen bekamen. Wir wurden nicht gescholten, wenn wir etliche davon im Park verloren.
Auch im persönlichen Leben gab es in den Zwanziger Jahren neue Belastungen. 1926 starben rasch nacheinander Vaters Schwestern Lydia und Betty im besten Lebensalter an Tuberkulose. Mutter Lenchen hatte beiden noch die Augen zudrücken können. Zwei Jahre später starb auch sie, 81jährig, ohne nennenswertes Leiden, im Haus ihrer Tochter Johanna.

Das Jahr 1927 war wieder sehr naß, jedoch wirkten sich die Drainagen bereits positiv aus. Dennoch stand unsere Mutter in den Nächten wiederum schlaflos am Fenster und lauschte dem rauschenden Regen. Vater tröstete sie: »Du machst nichts besser, wenn du dich sorgst.«
Erst in der Rückschau erkenne ich, daß er nie jammerte. Das Wetter hatte er nicht in der Hand. An unabänderlichen Dingen blieb er nie über Gebühr lange hängen.
Dann aber kam das Sonnenjahr 1928. Endlich hatten wir Kinder keine Angst mehr vor offenen Drainagegräben, in die man hineinfallen konnte. Diese Arbeit war fürs erste abgeschlossen.
Entgegen aller ärztlichen Warnungen erwartete unsere in-

zwischen 42jährige Mutter wiederum ein Kind. Man bereitete einen Kaiserschnitt vor, damals noch ein seltener Operationsvorgang. Er wurde in einer Stuttgarter Klinik durchgeführt und brachte durch eine Darmlähmung das Mutterle an den Rand des Todes.
Hans war tief erschrocken bei dem Gedanken, sein Liebstes auf dieser Welt so plötzlich hergeben zu müssen. Alle atmeten auf, als die Gefahr gebannt war.
In dem einzigen erhaltenen Brief von Hans an Julie finden sich folgende Zeilen:

Karfreitag, 6.4.28
Wie danke ich Gott für dieses Ostern, das so hell und licht in mein Leben strahlt! Ich habe gerungen um mein Vertrauen und um meinen Glauben, daß Gott Dich mir erhalten möge! Man kann sich in ruhigen Zeiten manchmal Gedanken über sich selbst machen, die Wahrheit aber erfährt man erst, wenn man einer Situation unausweichlich gegenübersteht, in die man sich eben doch sonst nicht hineindenken kann.
Ich bin froh, daß ich weiß, was Du mir bist und wie ich mit Dir verwachsen bin. Ein richtiger Jubel ist darüber in mir! Und wenn ich sehe, daß es bei Dir ebenso ist – und wie oft sagst Du es mir! – dann weiß ich nicht, wie ich dem lieben Gott danken soll, daß er uns zusammengebracht hat.

Es war ein milder Frühlingstag, als der kleine Hans-Ulrich, mit seiner Mutter aus Stuttgart kommend, seinen Einzug in Hohebuch hielt. Das Haus war festlich geschmückt, in der Küche duftete der Kuchen. Unsere Stütze hatte uns sorgfältig gekleidet und gestriegelt; im schönsten Sonntagsstaat und mit edlem Benehmen sollten wir etwas Verwilderten die Mutter empfangen. Aber das Auto, das sie bringen sollte, verspätete sich. Wir spielten Strohballenfangerles, hüpften von einem Heuhaufen zum anderen, versteckten uns im Stall und kletterten durch die staubigen Scheunendachstühle. Als die Mutter kam, standen wir erhitzt, mit Stroh, Heu und Spinnweben ge-

schmückt und nach Stall riechend, um den winzigen Bruder herum, der rosig und von Sauberkeit duftend in seinem spitzenbesetzten Kissen schlief.
Ja, das Jahr 1928 war ein gutes Jahr. Es brachte eine reiche Ernte; gestiegene Schweine- und Milchpreise ließen die Hoffnung aufkommen, daß man den Schuldenberg doch einmal bezwingen könnte. Auch die Pflanzenzucht brachte erste Erfolge, die Weizensorte »Basalt« bekam gute Beurteilungen.
Nur ganz von ferne ahnte man das Herannahen einer Weltwirtschaftskrise.
Zu Weihnachten 1928 zog auch das erste Radiogerät in unsere Wohnstube ein. Wir gehörten darin zu den Fortschrittlichen. Da nicht gleich alles richtig funktionierte und mein Vater sich dauernd mit dem modernen Gerät beschäftigte, war meine Mutter zunächst todunglücklich. Sie fand das ständige Kratzen höchst ungemütlich. Aber als der Apparat dann endlich in Ordnung war, begeisterten wir uns täglich mehr an dieser neu in unser Heim gekommenen Welt. Der Vater konnte gar nicht genug staunen über das Wunder der unsichtbaren Wellen aus dem Äther. Als nach einigen Jahrzehnten das Fernsehen seinen Siegeszug antrat, war man leider schon ein wenig an dieses Wunder gewöhnt.

Es konnte nicht ausbleiben, daß beide Eltern in öffentliche Aufgaben gerufen wurden. Das Hohenloher Land ist ein Bauernland, es bedurfte keiner großen Liebeserklärungen, um das Herz meiner Mutter im Sturm dafür zu gewinnen. Wein und Nachtigallen – das gab es freilich nicht. Aber Lerchen stiegen über den weiten Feldern empor, und es gab gutes, hausbackenes Brot, prachtvolle, fleißige, bäuerliche Menschen und redliche, treue Handwerker.
Julie setzte sich vor allem für die fachliche und menschliche Weiterbildung der weiblichen Jugend ein. Im nahen Kupferzell wurde mit ihrer Hilfe eine Landfrauenschule

ins Leben gerufen. Überall entstanden in jener Zeit auch die Landfrauenverbände. Sie waren aus der Frauenbewegung hervorgegangen. Früh war das Mutterle Kreisvorsitzende des großen Verbandes in Öhringen und bald stellvertretende Landesvorsitzende in Stuttgart.

Auch des Vaters Rat wurde nun weithin beachtet. Da waren die einzelnen landwirtschaftlichen Interessenverbände, deren Aufzählung hier zu weit führen würde, und da war die Württembergische Landwirtschaftskammer in Stuttgart. Ich erinnere mich, daß er auch oft nach Berlin zu fahren hatte. Aber wenn er dann abends nach Hause kam, unternahm er fast ausnahmslos noch einen Rundgang durch den Hof. Mit wacher Energie beobachtete er alle Vorgänge im Betrieb.

»Das Auge des Herrn macht die Kühe fett«, konnte er oft schelmisch bemerken.

Solch intensiver Einsatz für den bäuerlichen Berufsstand war nicht ohne Opfer an Zeit und Kraft möglich, denn einen verheirateten Verwalter, der die Hauptverantwortung übernommen hätte, konnte Hans sich noch nicht leisten. So hatte er mit jungen Anfängern zu arbeiten, die zwangsläufig nach den kurzen Jahren ihrer Ausbildung wieder weiterzogen. Daß sie fast ausnahmslos überdurchschnittlich einsatzbereit und entwicklungsfähig waren, sei dankbar erwähnt. Aber die Anleitung bedurfte großer Mühe und immer wieder neuen »Lehrgeldes«. Hans freute sich jedoch stets von neuem, wenn ein schüchterner, unerfahrener junger Mann schon nach wenigen Monaten in seine Aufgaben hineinwuchs und zur Persönlichkeit heranzureifen begann.

»In jedem Menschen steckt eine Wellenlänge Verantwortungsbewußtsein«, sagte er. »Diese Wellenlänge zu wecken und zu entfalten, das ist eine wichtige Aufgabe.«

Es war oft etwas aufregend, wenn ein neuer Lehrling, ein Stallgehilfe, ein Praktikant oder ein Aufseher sich vorstellte. Unsere Hausgemeinschaft war wie ein Chor mit vielstimmiger Musik – ein einziger falscher Ton konnte

die Harmonie empfindlich stören und viel menschlichen Schaden anrichten. Unsere Mutter besaß einen nahezu untrüglichen Instinkt für die Anlage und Entwicklungsfähigkeit eines Menschen. Einmal hörte ich, wie sie mit dem Vater die Einstellung eines neuen Mädchens besprach.
»Ich weiß nicht, Hans, ich trau' da nicht so ganz...«
»Wenn du einem Menschen mißtraust«, entgegnete er, »dann stelle ihn nicht ein. Wenn du ihn aber eingestellt hast, dann mißtraue ihm nicht mehr.«
Es ging nicht immer ohne Enttäuschungen ab. Viele kamen mit Illusionen, die der strenge Bauernalltag nicht erfüllen konnte.
Weit häufiger aber waren die angenehmen Überraschungen. Und die späte Dankbarkeit und Treue zahlreicher Hohebucher Lehrlinge, die inzwischen alte Männer und Frauen geworden sind, ist bis zum heutigen Tag ergreifend.
In jenen Jahren gab es noch nicht so gute Maschinen für Stall und Feld wie heute. Es mußte viel Handarbeit geleistet werden, und sie war sowohl zeitraubend als auch sehr anstrengend. Im Sommer läutete die Hofglocke um halb sechs Uhr zum Frühstück – es ging nicht anders. Auch an den Samstagen mußte voll durchgearbeitet werden. Und jeden Morgen und jeden Mittag nach dem Essen waren die Eltern bei der Arbeitsverteilung anwesend. Sechs lange Werktage hatte die Woche. Aber danach kam jedesmal ein Sonntag, und er überstrahlte mit seinem Glanz alle harten Stunden.
Die jungen Leute konnten damals noch nicht einfach übers Wochenende nach Hause fahren. Es gab nur selten Autos, und das Fahrgeld mit der Bahn war teuer. Die Eltern gaben sich deshalb mit der Gestaltung des Sonntags viel Mühe. Er wurde sorgfältig von allen Aufgaben frei gehalten. Die nachmittägliche Kaffeetafel wurde vorverlegt, damit genügend freie Zeit zum Wandern, Schwimmen oder Lesen blieb. Etwa dreißig junge Leute waren im

Sommer wohl immer beisammen. Sie spielten dann im Hof oder im Garten, und die Eltern freuten sich darüber. Meist hatten wir auch einen jungen Mann aus der Jugendbewegung unter uns, er brachte »Wandervögel« mit. Es war oft ein Singen und Musizieren, ein Scherzen und Lachen bis in den späten Sonntagabend hinein. Diese Sommerabende im Park waren voll zauberhafter Romantik. Einer der jungen Leute spielte Gitarre, der Jasmin duftete, zwischen den Sträuchern saßen die Glühwürmchen, und verschlafene Vögel regten sich im Nest.
Ein Neffe des Liederdichters Wilhelm Ganzhorn war früher eine Zeitlang Pächter von Hohebuch gewesen. Drum erschien uns das Lied: *Im schönsten Wiesengrunde...* eigens für Hohebuch gedichtet, es paßte auch wunderbar. Es war stets unser Schlußlied, und der Vater sang so hell und getrost mit wie einst als Bub:

> *Dich, mein stilles Tal*
> *grüß ich tausendmal...*

Es waren nun nicht mehr die Höhen von Löwenstein, zu denen er hinaufsang, aber die Höhen von Waldenburg waren nicht weniger schön.
Und das, was wir tun, das tut ja auch etwas an uns: die heiße Mühe um Hohebuch begann ihre inneren Früchte zu tragen. Der stille Hof wurde ihm und seiner ganzen Familie zur Heimat.

Der Vater und seine Kinder

»Kommt, Kinder, wir machen eine Schlittenfahrt!«
Das war im »Jahrhundertwinter« 1928/29. Vater wollte während der Weihnachtsfeiertage die Pferde bewegen. Wir holten die Schellen vom Dachboden, Mutter richtete Wärmflaschen, und dann ging's in die blanke, blitzkalte Hohenloher Ebene hinaus. Welche Freude hatte der Vater daran, wieder einmal kutschieren zu dürfen! Denn inzwi-

schen waren diese Kenntnisse unnötig geworden: die aufkommenden Traktoren verdrängten die Pferde.

Es war unsere letzte Fahrt mit dem Pferdeschlitten, denn die sich vermehrenden Autos brauchten gestreute Straßen.

Hans besaß ein angeborenes Geschick im Umgang mit Kindern. Es würde etwas Entscheidendes in seinem Lebensbild fehlen, wenn wir diesen Wesenszug unerwähnt ließen. Es scheint, daß wirkliche Persönlichkeiten ihre Prioritäten souveräner setzen, jedenfalls spürten wir deutlich, daß der Vater unsere Spiele und Ideen, unsere Unarten und »guten Werke« ernst und wichtig nahm. Er wußte etwas von der Würde eines spielenden Kindes als eines werdenden Menschen. Das Wort Laotses mag ihm wesenhaft nahe gewesen sein:

Alles Schwere auf Erden beginnt stets als ein Leichtes,
alles Große auf Erden beginnt stets als ein Kleines.

Keiner konnte Fingernägel und Haare so »angstfrei« kürzen wie er. Keiner wußte so viele Scherzliedchen und Fingerspiele. Er holte die Schätze seiner eigenen reichen Kindheit hervor. So lehrte er uns die ersten Melodien und freute sich, wenn er einen bescheidenen Funken von Musikalität bei uns entdeckte. Er richtete Bogen und Pfeile, fertigte Drachen und schnitzte Kunstwerke aus Kastanien. Und mit welcher Ausdauer half er uns beim Suchen unserer verlorenen Kreisel und Murmeln! Wenn es seine Zeit zuließ, spielte er mit uns die alten und neuen Gesellschaftsspiele und verwandelte sich dabei, besonders beim »Schwarzen Peter«, immer wieder in den kleinen Jungen von einst.

Jeden Sonntag, nach dem gemeinsamen, sehr zeitigen Frühstück, begaben wir uns im Gänsemarsch mit dem Vater zum Aufziehen der großen Standuhr. Sie hatte einen wundervollen Klang, war eigens im Stil von Mutters Möbeln angefertigt und erschien uns wie eine ältere Schwester, die mahnt und tröstet; zu ihr war auch das siebte

Geißlein hineingeschlüpft. War der Vater einmal sonntags verreist, blieb sie am Montag stehen, weil die schweren Messinggewichte auf dem Boden aufstießen. Mir tat die Uhr leid, weil sie so große Gewichte an sich haben mußte. Aber Vater sagte:
»Eine Uhr, die recht gehen soll, braucht Gewichte, sonst läuft sie davon. Merke dir: Gewichte sind wichtig, auch sonst im Leben.«

Sobald wir größer waren, durften wir am sonntäglichen Kirchgang nach Waldenburg teilnehmen. Es waren herrliche Familienwege durch die Sommerwiesen mit der großartigen Aussicht auf die Hohenloher Ebene. Als Opfergeld bekamen wir Silbermünzen, was uns sehr bedrückte, denn wir wußten, daß die Eltern sparen mußten. Kurz vor dem Heuschnitt erklärte uns der Vater auf dem Heimweg stets sämtliche Wiesengräser – wehe, wenn wir nicht aufpaßten!
Wir trafen unterwegs auch häufig unsere geliebten katholischen Freunde vom benachbarten Bahnhof. Daß eine andere Konfession etwas Fremdes sei, haben wir nie erlebt. Vorurteile in dieser Richtung kannten wir nicht und erlebten am elterlichen Vorbild, daß man jeder Konfession Achtung und Verständnis entgegenzubringen habe, daß man sich außerdem erst nach gründlicher Kenntnis der anderen »Religion« ein Urteil erlauben dürfe.
Montags hatte die Mutter ihren Waschtag. Wir Kinder bekamen einen Hocker mit einem Schälchen Seifenbrühe vor die Waschküche gestellt und durften uns an Seifenblasen versuchen. Immer nahm der Vater bei der Rückkehr von Stall, Feld oder Scheune seinen Weg über unseren Hockerplatz. Und er schuf Seifenblasen, die uns das Schönste dünkten, was die Erde faßte! Seine vorsichtigen Bewegungen brachten Gebilde zustande, die in allen Regenbogenfarben geheimnisvoll gen Himmel stiegen.
Dienstags war jeden Monat Schlachtfest. Tags zuvor betrauerten wir das gekennzeichnete Schwein in seiner

Bucht. Am Morgen der Schlachtung wurde es aus dem Stall geführt und trottete in unschuldiger Gutgläubigkeit auf den Schlachtplatz. Halb neugierig, halb angstvoll warteten wir Kinder in gebührendem Abstand auf Schuß, Gebrüll und Stich.

So ähnlich mag es den alten Römern zumute gewesen sein, wenn die Sklaven von den Löwen zerfetzt wurden. Irgendwo lebt doch in uns allen ein Stück blutrünstiger Schaulust. Aber plötzlich war in diesem Augenblick der Vater zur Stelle und nahm sein Töchterchen bei der Hand. Immer wußte er mir etwas Schönes zu zeigen: junge Kätzchen oder leuchtende Blumen, ein Vogelnest oder einen herrlichen Apfel am Baum. Ob er mit seinen Söhnen genau so verfuhr, weiß ich nicht. Jedenfalls fühlte ich mich stets wie von einem Bann befreit, wenn ich an seiner Hand die Schlachtstätte verlassen durfte.

Den Jahreskreislauf konnten wir uns nicht ohne Vater vorstellen. Kaum war der Februar vorüber, sagte er geheimnisvoll:

»Ich hab' im Garten was gesehen, es ist weiß und guckt aus der Erde raus!«

Das bedeutete für uns: Das erste Schneeglöckchen läutete den Frühling ein. Er wußte die besten Plätze für Veilchen und Schlüsselblumen, er zeigte uns, wo es Moos gab für unsere Osternestchen. Wir gestalteten wahre Baukunstwerke für Freund Langohr, und der Vater teilte alljährlich unsere Sorgen, ob der Hase das Nest überhaupt finden könne bei dem Riesenbetrieb, den er sich da allemal an Ostern zumutete. Schon Tage zuvor konnten wir an Vaters Hand beim Gang über die Felder den Osterhasen beobachten, wie er in Richtung Park hoppelte. Am Ostermorgen, pünktlich um sechs Uhr, ertönte aus dem Elternschlafzimmer ein scharfer Pfiff: Nun hatte der Vater den Hasen gerufen. Er vergaß diesen Pfiff nie, obwohl wir schon am Samstagabend darum bangten. Es war seine Absicht, uns auf dieser entzauberten Erde so lange wie möglich in der geheimnisvollen Wunderwelt der Kinder leben zu lassen; er fand, die Kinderseele brauche das für ihr Gedeihen. Ob es richtig war? Bestreiten kann man gar alles. Für uns Kinder jedoch waren diese Jahre von märchenhaftem Reichtum.

Während der Sommerzeit wurden wir von klein auf zu Hilfeleistungen gebraucht, etwa zum Vespertragen aufs Feld, zum Bringen des »Zwischentrinkens« an heißen Tagen, zum Verziehen der Zuckerrüben, zum Anhäufeln der Kartoffeln, später zum Aufstellen der Erntegarben, denn man hatte noch keine Mähdrescher, ein Pferdegarbenbinder war damals die fortschrittlichste Ernteweise. Die Getreideernte war eine harte Zeit, alle Ferienwünsche hatten sich dieser Aufgabe unterzuordnen. Wir lernten dabei auch die straffe Arbeitszucht und die karge Lebensführung unserer Landarbeiter kennen; kein Wunder, daß manche von ihnen ins Mosttrinken kamen. Man mußte ihnen mit Hochachtung begegnen, denn von ihrer Hände Werk ernährten sich die Menschen in den Städten, auch wenn sie nicht mehr wußten, wieviel Mühe sich hinter einem Glas Milch und einem Butterbrot verbergen.
Die arbeitsreichste Zeit war der Herbst. Bei der Kartoffel- und Obsternte hatten wir stets mitzuhelfen, und der Vater schaute nach, ob wir uns brauchbar anstellten. Unsere Mutter besaß das Talent, solche angespannten Arbeitszeiten immer mit einem heiteren Fest abzuschließen: etwa mit dem Kinderfest nach dem Zuckerrübenverziehen, dem Erntefest oder dem Fest nach dem Schweinestallgroßputz. Diese kleinen und größeren Feste vergoldeten den kargen Alltag, und die beanspruchten Menschen brauchten diese Art gelöster Freude nötig.
Alljährlich fand im Herbst auch die große Jagd statt: die Hasenplage hätte sonst damals noch überhand genommen. Wir Kinder litten große Not, denn auch wenn uns der Vater garantierte, daß der Osterhase nicht dabei wäre, – er hätte einen ganz weißen, größeren Schwanz, den jeder Jäger erkennen würde, – so zitterten wir dennoch je-

des Jahr. Vater war ein guter Schütze und wurde zu seinem Leidwesen immer wieder Schützenkönig, denn eigentliches Jägerblut besaß er nicht, seine einzige Jagdleidenschaft beschränkte sich auf das geschickte Fangen von Stubenfliegen.

Ich vermute, daß er jedesmal froh war, wenn nach beendeter Jagd die Jäger sich zur großen Tafel bei Sauerkraut, Kartoffelbrei und Kasseler zusammenfanden. Das Jagdessen unserer Mutter war berühmt, auch wir Kinder speisten dankbar mit, nachdem wir uns überzeugt hatten, daß unter den vielen geschossenen Hasen, die im Hof aufgereiht lagen, der Osterhase tatsächlich nicht dabei war.

Den Höhepunkt des Jahres bildete natürlich das Weihnachtsfest. Hierfür setzten sich beide Eltern mit aller Kraft ein, selbst wenn sich die Mutter dabei stets überforderte und am Rande ihrer Nervenkraft entlang balancierte. Wir waren auch an Weihnachten eine große Hausgemeinschaft. Wochenlang zuvor wurde gebacken, tagelang wurde ausgesteint und aufgeknackt, vor allem für das Hutzelbrot. Da unser Vater sein Leben lang »ein Süßer« war, fiel auch für uns, die wir ihn meist absichtsvoll umkreisten, immer einmal etwas ab. Ansonsten jedoch achteten unsere Eltern darauf, daß wir nicht verwöhnt wurden.

»Verwöhnte Kinder werden unglückliche Menschen«, pflegte das Mutterle zu sagen. »Vielleicht müßt ihr euch einmal in bescheidenen Verhältnissen zurechtfinden – und das könnt ihr nur, wenn ihr euch die Freude an kleinen Dingen erhalten habt.«

Einmal hatte der Vater ganz heimlich in wochenlanger Kleinarbeit zusammen mit unserem Wagnermeister und dem Schmied ein entzückendes Kütschchen für seine Söhne gebastelt. Als es ins Weihnachtszimmer gebracht werden sollte, war die Tür zu eng, es mußte auseinandergenommen und drinnen neu zusammengesetzt werden.

Aber der Vater malte sich unseren Jubel aus, das lohnte die Mühe. Wie groß mag seine Enttäuschung gewesen sein, als seine Knäblein am Abend das Wunderwerk überhaupt nicht beachteten, sondern sich ausschließlich mit Trompetchen, Bilderbüchern und Baukästen beschäftigten! Dabei warteten drüben im Stall bereits zwei Geißböcke als Zugtiere!
Nun, bis zum Frühjahr hatte die kleine Kutsche unser aller Herz erobert. Durch sie gewannen wir zahllose »Freunde«, wir wurden auch bald der Schrecken unserer Umgebung. Denn unsere Geißböcke waren eigenwillige, vielleicht auch etwas unbegabte Wesen, sie verwechselten ständig »Hüst«, »Hott« und »Oha«. Wehe, wenn die Haustür einen Spalt weit offenblieb! Einmal lag der große Garderobenspiegel in tausend Scherben. Stets waren sämtliche erreichbaren Blumentöpfe auf den Boden geworfen oder abgefressen. Eines Nachmittags klopfte es wild an unsere Wohnzimmertür. Meine Mutter rief in scherzhaftem Vorwurf:
»Herein, herein, wird doch kein Geißbock draußen sein«, sie dachte an einen ihrer Buben.
Es war aber doch einer draußen, und wir hatten alle Mühe, ihm den Eintritt zu versperren, er fühlte sich durchaus als Familienmitglied.

An unserem kleinen Bruder hatten wir alle die größte Freude. Eines Morgens entdeckte der knapp 5jährige, daß der Bruder Joachim seine Schiefertafel für die Schule vergessen hatte.
»Ich bringe sie ihm«, erklärte der Knirps.
Immerhin war der Weg nach Waldenburg fast fünf Kilometer weit. Aber der Vater ließ den kleinen Mann ziehen. Er sollte an seinem Tun wachsen und seine Selbstsicherheit stärken lernen. Vater nahm sich die Zeit und ging in gebührendem Abstand hinter dem Söhnchen her, um zu beobachten, wie er den Weg finde. Oben angelangt, schaute das Bübchen zurück, entdeckte den Vater von fer-

ne und lud ihn huldvoll zum Mitgehen ein. Er fand tatsächlich die Schule und überreichte dem großen Bruder in der Pause die Tafel, hielt auch den Rückweg durch und hatte sein kleines »Ich« dabei mächtig gestärkt.
Ja, der Vater ließ uns manchmal recht lange an einem beschädigten Spielzeug oder an einer ungewohnten Aufgabe herumknobeln.
»Nur nicht so schnell aufgeben! Halbe Arbeit ist schlechter als gar keine!« das waren einige Redewendungen, die mir aus jener Zeit in Erinnerung sind.
Trotzdem war es beruhigend, zu wissen: wenn man gar nicht mehr weiter kommt, wird er eines Abends das Problem lösen. Mir ist dies bis zum heutigen Tag fast wie ein Gleichnis für manches stümperhafte Tun, für manche Ausweglosigkeit, in die wir uns verstrickt sehen: »Er aber, der uns ewig liebt, macht gut, was wir verwirren.«

Sogar in unsere Kinderwohnung im leeren Taubenschlag unter dem Dach holten wir den Vielbeschäftigten. Das Mutterle liebte unser Gekletter so hoch oben nicht, denn wir waren allzu sehr aus ihrer Hörweite. Wir zimmerten eine Leiter mit drei Sprossen für unseren Gast, denn das Hüpfen von einem Balken zum anderen wollten wir ihm denn doch nicht zumuten.
Der Vater beugte sich zu dem kleinen Fenster hinaus, er sah auf die Wipfel der Parkbäume. Die hohe Linde und der mächtige Ahorn schienen zum Greifen nahe. Das hereinströmende Sonnenlicht bildete goldene Stäbe auf dem staubigen Dachboden. Wie leicht hätten wir aus dem Fenster fallen und uns zu Tode stürzen können! Aber der Vater sagte nur:
»Es ist sehr schön, so hoch oben spielen zu dürfen. Es ist wie auf einem Turm. Daß es gefährlich ist, wißt ihr selbst. Ich zeige euch, wie weit man sich vorbeugen darf – aber nicht weiter!«
Er war ein gewissenhafter, jedoch nicht überängstlicher Vater. Das danken wir ihm heute noch. Er wollte, daß wir

uns erprobten und nicht aus Schonhaltung unterfordert würden. Und er vertraute uns.
»Wir können unsere Kinder nicht dauernd behüten«, sagte er. »Sie werden auch einmal allein sein. Ein gutgeartetes Kind wird sich dann der elterlichen Anweisungen erinnern und sich ihnen auch ohne ihre Gegenwart fügen. Und so wird es sich durch seinen Gehorsam selbst beschützen.«

Es sieht nun fast so aus, als habe er nie Fehler gemacht. Das stimmt nicht ganz: Beim Erlernen des Klavierspiels beispielsweise war er selbst allzu musikalisch, um unsere unvollkommenen Versuche lang genug zu ertragen, uns zu ermutigen oder zu trösten. Wir brachten es zu seiner Enttäuschung nirgends weit beim Musizieren mit Instrumenten. Warum man beim Choralspielen Noten brauchte, verstand er sowieso nicht.
Bei seinen Enkeln machte er es besser. Aber gerade an diesem Mißlingen seiner erzieherischen Linien wird mir deutlich, warum er in den übrigen Lebensgebieten pädagogisch erfolgreich war. Ich bin im Blick auf sein Vatersein versucht zu sagen: Sorgsame Erziehung besteht vor allem anderen in einer überdurchschnittlichen Möglichkeit zur Geduld.

Die Dreißiger Jahre

»Nun, wie ist es unserem Schulkind ergangen?« fragten mich die Eltern, als ich im Frühjahr 1931 vom ersten Tag in der Mädchenschule Schwäbisch Hall nach Hause kam. »Es war komisch«, berichtete ich. »Wir mußten dem Klassenlehrer den Beruf unseres Vaters angeben. Als ich ›Landwirt‹ sagte, schaute mich der Lehrer ganz lange an. Und ins Klassenbuch schrieb er etwas anderes. Wir spickten nachher – da stand: Gutspächter. Meine Mitschülerinnen fragten mich, was das sei. Ich erzählte ihnen von unserem Hof. Darauf sagte eines der Mädchen: ›Dann bist du also eine hundsgewöhnliche Bauerntochter mit einem Kuhstall und mit Schweinen. Was tust du eigentlich bei uns?‹

Das Mutterle lachte fröhlich. Sie war von einer herzerfrischenden inneren Sicherheit.

»Ja, lerne du nur beizeiten, daß ein Bauernkind seinen eigenen Weg gehen muß, nach außen bescheiden, aber innerlich seiner Aufgabe und seines Standes gewiß. Laß die Mitschülerinnen spotten, sie wissen es nicht besser. Wenn du sie alle einmal kennst, darfst du sie einladen, und wir bereiten ihnen ein Sommerfest.«

Diese winzige Begebenheit spiegelt etwas von dem damals geringen Ansehen des in die Minderheit geratenen und auch wirtschaftlich bedrohten Bauernstandes wider. Er fühlte sich als Randgruppe. Mit dem Begriff »Bauer« war eine gewisse Geringschätzung verbunden, und wenn man die Worte »einfältig« oder »dumm« davorsetzte, wurde daraus ein Schimpfwort. Die Schatten der Weltwirtschaftskrise (1929) waren für die Landwirte noch nicht ausgestanden. Unser Vater erzählte wiederholt, wie er in jener Zeit einmal in einem Restaurant seinen Schwager abholen wollte. Er fand ihn im Kreis der Dorfhonoratioren bei einem Glas Wein. Nach dem gegenseitigen Bekanntwerden fragte der Arzt den Schwager heimlich:

»Hege – Akademiker?« Als dieser kaum merklich verneinte, wandte sich der Doktor ab und prostete den anderen zu.

Obwohl Vater sonst solchen Nebensächlichkeiten keine Beachtung schenkte, verwundete ihn jene Geste gerade zu dieser Zeit so sehr, daß er sie nie vergaß.

Zu Silvester 1932 hatten wir Kinder ein bißchen Blei gesammelt, das wir am Abend mit der Hausgemeinschaft gießen wollten, um lustige Zukunftsprognosen zu stel-

len. Wir waren enttäuscht, als der Vater nach dem Mittagessen sagte:
»Ich muß leider heute nachmittag nochmals weg zu einer Sitzung. Ich hoffe, daß ich nicht zu spät heimkomme.«
Konnten die vielen Verbände, Ausschüsse, Genossenschaften und Aufsichtsräte den Vater nicht einmal an Silvester in Ruhe lassen? Aber gerade in jener Zeit brauchte man ihn dringend, wir sahen es ein. Wir zählten seine Vorsitze zusammen: es waren über dreißig.
Hätten wir in die Zukunft blicken können, dann hätten wir unsere Empörung noch um ein paar Monate zurückgestellt. Denn bereits vier Wochen später begann eine neue Zeit. Über das Radio hörten wir von einem Fackelzug in Berlin, der besagte, daß die nationalsozialistische Partei am 30. 1. 1933 unter ihrem Führer Adolf Hitler die politische Macht des Deutschen Reiches übernommen habe.
Ich sehe an jenem Abend meinen Vater noch vor mir, wie er im Wohnzimmer saß und die Radionachrichten verfolgte. Er war ganz still. Nur zwei Worte sagte er, die untypisch für ihn waren: »Ach Gott!«
»Das kommt davon, weil Ihr Kleinen alle Scheunenwände mit Hakenkreuzen vollgeschmiert habt!« sagte mein ältester Bruder Rolf zu mir.
Wir hatten das nur aus Spaß getan, weil es so lustig war. Aber am anderen Tag nahmen wir den Schrubber und wuschen sie ab. Wir wußten noch nicht, was das Hakenkreuz zu bedeuten hatte.
Dabei ließ sich zunächst alles sehr brauchbar an. Der Reichsnährstand wurde gegründet, und er war, nach Vaters Aussage, nicht die schlechteste Organisation des Dritten Reiches. Die Landwirte bekamen in kurzer Zeit wieder Ansehen. Die besten unserer jungen Leute neigten zu den Ideologien des Nationalsozialismus. Man darf es keinem verdenken, wenn er zu Anfang die Gefahren des Dritten Reiches nicht erkannte. Das geschlagene deutsche Volk sehnte sich nach Gerechtigkeit. Die Arbeitslosigkeit sank. Man hatte tatsächlich das Empfinden, es gehe vorwärts.

Schon nach wenigen Wochen kam über die Fachorganisationen des Reichsnährstandes die Aufforderung zum Eintritt in die Partei, schriftlich und mündlich.
»Ich war nie bei einer Partei und ich werde nie in eine eintreten!« war Hans Heges unumstößliche Antwort.
Das sei keine Partei im üblichen Sinne, erklärte man ihm. Dies sei ihm klar, ändere aber nichts an seinem Entschluß. Daraufhin sah sich ein Verband nach dem anderen genötigt, ihn von der Mitarbeit auszuschließen. Andere Genossenschaften hielten durch.
Hans Hege schreibt:

Nach Hitlers Machtübernahme wurde alles neu besetzt. Ich wurde in den Aufsichtsrat der Zentralgenossenschaften berufen. Ich hatte die Absicht, zu bleiben, bis man mich hinauswerfen würde. Ich war fest entschlossen, keine Konzessionen an die Partei zu machen. Man hat mich nicht hinausgeworfen. Ich mußte keine Konzessionen machen. Über Politik wurde nie gesprochen.

(Aus einem Brief)

Zunächst begegnete man der ganzen Sache noch mit Humor. Als eines Morgens einmal ein uns seit langem bekannter, neugebackener Parteigenosse kam, eine Geldspende für irgendeinen guten Zweck einsammelte und dabei mit einem strammen »Heil Hitler« grüßte, nickte mein Vater freundlich und sagte: »Guten Morgen!«
»Sie kennen doch den Deutschen Gruß?« mahnte der Genosse.
»Gewiß«, erwiderte Hans, »aufgehobene Rechte!«
Warnend, aber schalkhaft hob der Genosse seinen Finger. Schon kurze Zeit später hätte man solche Scherze nicht mehr gewagt. Der Geist des Dritten Reiches war von einer beachtenswerten Humorlosigkeit.

Bald schickte auch der Reichsnährstand seine neuen Bestimmungen zur Lehrlingsausbildung. Sie waren gut

durchdacht und fachlich tadellos. Aber unten stand die Fußangel:
»Sind Sie bereit, Ihren Lehrling im Geiste des Nationalsozialismus zu erziehen?«
»Ich bin nicht dazu bereit«, erwiderte das Mutterle.
»Überschlafen wir's«, sagte der Vater. »Wir haben strebsame und fähige junge Leute, die ohne rechtmäßigen Lehrvertrag nicht weiterkommen können. Dürfen wir sie einfach im Stich lassen, nur weil wir kein Vertrauen zur neuen Regierung haben? Und die redlichen Bestrebungen, die doch auch überall deutlich zu spüren sind – können wir sie nicht doppelt tatkräftig unterstützen, damit das Gute wächst?«
»Das ist ja gerade das Tückische, daß Gut und Böse so raffiniert miteinander vermischt sind wie Käsesahne!« gab die Mutter temperamentvoll zurück.
Beide überschliefen ihre Probleme. Wie der Vater sie für sich löste, weiß ich nicht mehr. Die Mutter ließ den Platz leer und wurde ein zweites Mal zur Überprüfung des ungenügend ausgefüllten Formulars aufgefordert. Sie unterschrieb mit »Nein«.
Daraufhin wurde ihr die Lehrberechtigung entzogen. Daß sie trotzdem immer wieder Hilfen für den Haushalt bekam, war wunderbar. Oh, es gab ganz heimlich viele mutige Leute. Dennoch denke ich mit leiser Trauer an jene Jahre, da die fleißige, gewissenhafte Frau oft über ihre Kräfte arbeiten mußte und sich vor der Zeit verbrauchte. Der öffentlichen Ämter war sie ledig. Aber bald wurde sie in die württembergische evangelische Landessynode gebeten, ein Amt, das damals Zivilcourage erforderte.
Eine kräftige Rückenstärkung erhielten die Eltern in jener Zeit durch das unerschrockene Auftreten der evangelisch-bekennenden Kirche in Württemberg unter ihrem Landesbischof Theophil Wurm, der sich nicht in einen Deutschen Christen umfunktionieren ließ. Und weil sehr viele Gemeindeglieder und ihre tapferen Pfarrer zu ihm hielten,

fand eines Tages alles wieder in seine Ordnung zurück: Hitler hatte, das einzige Mal übrigens, einen Rückzieher gemacht.

»Er hätte halb Württemberg ins Konzentrationslager schicken müssen«, sagte man damals.

Unsere Eltern holten sich für ihre eigene Haltung immer wieder Kraft aus der Unbeugsamkeit dieser aufrechten Frauen und Männer. Ehrlicherweise darf auch gesagt werden, daß wir es auf unserem eher abgelegenen Hof leichter hatten als andere. Außerdem besaßen Landwirte als Lebensmittelerzeuger einen etwas geschützteren Status.

Im übrigen werden wir noch lange damit zu tun haben, der inneren Geschichte jener unzähligen, gutgläubigen und gutgewillten, ideologisch verunsicherten Menschen gerecht zu werden. Hinterher weiß man alles besser. Der vornehmen Art unseres Vaters lag es nicht, nachträglich über oft unverschuldete Verirrungen zu Gericht zu sitzen. Mit aufmerksamer Treue erfüllte er seine Pflichten und bemühte sich, fruchtbringende Arbeit zu leisten. Unter den jungen Leuten waren freilich immer wieder Aufsässige, und auch solche, die ihn an diesem gefährlichen Punkt gerne zu Fall gebracht hätten. Aber er war klug, geduldig und in seinen Äußerungen bedächtig. Und als nach zwölf Jahren diese schwere Zeit vorüber war, sagte er mit großer Dankbarkeit:

»Wir mußten wenigstens nichts Unrechtes tun.«

So ging das Leben seinen Gang durch die Dreißiger Jahre; wirtschaftlich waren sie wesentlich leichter als die vorhergegangenen Jahrzehnte. Im großen und ganzen war der Schuldenberg jetzt abgetragen. Eines Morgens meinte der Vater beim Frühstück, nun solle die Mutter auch einmal einen persönlichen Wunsch äußern dürfen. Ob ihr nichts einfalle?«

»Ich hätte einen Wunsch, dessen Erfüllung mich ganz besonders freuen würde«, sagte sie.

»Da bin ich aber neugierig!«
»Droben auf dem Dachboden steht ein alter Sekretär, du kennst ihn. Er entstammt dem Erbe meiner Urahne, einer sehr wohltätigen Bürgermeistersfrau aus Bad Wimpfen zur Zeit der französischen Revolution. Ich würde ihn gerne restaurieren lassen.«
Hans war verblüfft. Für alte, halbzertrümmerte Möbel hatte er damals (im Gegensatz zu später) überhaupt kein Verständnis.
»Nun ja, mir persönlich ist solch ein Wunsch unbegreiflich. Aber wenn du willst – warum nicht?«
Der klapprige Sekretär, aus dem noch der Streusand rieselte und vergilbte Gänsekiele rollten, reiste also zu einem guten Schreiner.
Völlig verwandelt, in neuem Glanz erstrahlend, kehrte er nach einigen Monaten zurück. Als er in der Diele stand, übertraf er alle Erwartungen.
Die Rechnung war mitgekommen. Auch sie übertraf alle Erwartungen. Die Mutter erblaßte und war für den Rest des Tages nicht mehr zu genießen.
Unser Vater kehrte am Abend von einer Sitzung zurück. Wie immer nach dem Heimkommen, aß er ein weiches Ei und ein Butterbrot. Er war nicht über die Diele ins Haus gelangt, deshalb fragte er:
»Der Verwalter sagte mir, unser Sekretär sei gekommen. Ist er schön geworden?«
»Sehr schön!«
Prüfend blickte der Vater auf. Einsilbigkeit war nicht der Mutter Art.
»Und die Rechnung?«
»Ist auch mitgekommen.«
Jetzt hatte er den wunden Punkt.
»Hoch?«
Sie nickte und biß die Lippen zusammen.
In Gegenwart von uns Kindern wurde kaum über Geld gesprochen, wir sollten den Mammon nicht als bestimmenden Wert des Lebens kennenlernen. Jedenfalls muß

die Mutter dem Vater die Summe aber doch leise genannt haben, denn er stand auf, ließ sein halb gegessenes Ei stehen und ging mit schweren Schritten in sein Arbeitszimmer.

Wir Kinder verdrückten uns. Wir kannten Spannungen zwischen den Eltern kaum, deshalb litten wir jetzt ungemein unter der Situation.

Nach etwa einer Stunde hörte ich die Eltern im Nebenzimmer in gedämpfter Unterhaltung.

»Es tut mir unsagbar leid, Hans«, sagte die Mutter. »Ich hätte mir einen sorgfältigen Voranschlag geben lassen müssen. Aber der Schreiner meinte, da stecke man nie drin, und es lohne sich auf jeden Fall, bei diesem kostbaren Möbelstück die Arbeit recht zu machen. Ich gebe zu, ich war ahnungslos.«

Des Vaters Stimme war herzlich und warm.

»Ach, Mutterle, ich meine, du habest durch deinen Einsatz, deinen Fleiß und deine Anspruchslosigkeit längst schon viel mehr für unseren Betrieb eingebracht, als solch ein Sekretär je wert sein kann. Nun habe ich nur noch *einen* Wunsch: Daß du mir die Rechnung gibst und nie mehr daran denkst. Du solltest dich von jetzt an nur noch freuen über deinen Sekretär. Er ist klassisch schön geworden, ich habe ihn mir angesehen. Ich wollte dir eine Freude machen. Aber nun mußt du sie auch annehmen.«

Viele Jahre später, als unsere Mutter nicht mehr bei uns war, erzählte ich dem Vater auf einem Waldspaziergang im Urlaub von jenem Erlebnis und daß es mir einen unauslöschlichen Eindruck gemacht habe. Da wandte er sich lebhaft um:

»So einfach, wie du die Sache siehst, war sie gar nicht. Wir hatten noch immer sorgfältig zu rechnen. Außerdem hatte auch ich einen Wunsch, der mir wirtschaftlich dringend nötig erschien: Wir brauchten ein Auto. Alle in der Umgebung hatten längst eines. Da sich aber unsere Mutter nie in ein Auto gesetzt hätte, das nicht gleich bezahlt war, mußte ich diesen Wunsch wiederum verschieben. Ich sag-

te mir: Was geschehen ist, das ist geschehen. Jetzt mach das Beste daraus! Sei ein Meister der Lebenskunst!«
So hatten wir denn bis zum Jahr 1938 zu warten, ehe das erste Auto seinen Einzug in Hohebuch hielt. Wir nahmen es fast geschwisterlich in unsere Familie auf. Vater machte mit 53 Jahren noch den Führerschein, zusammen mit den jungen Männern des Betriebes. Nun drehten sich während der Mahlzeiten einige Wochen lang die Gespräche nur noch um Schalthebel, Zwischengas (das man damals noch brauchte), Anfahren am Berg und rückwärts Einparken (was im Hof mit links und rechts flankierenden Strohballen geübt wurde).
»Das Auto hat euch! Dabei solltet ihr eigentlich das Auto haben«, scherzte das Mutterle.
Aber auch nach Vaters erfolgter Fahrprüfung war sie zunächst nicht zu bewegen, mit dem Auto in die Kirche zu fahren.
»Ich kann doch nicht an jemandem vorbeifahren, der zu Fuß gehen muß«, sagte sie, »das wäre allzu unsozial, da wäre mir die ganze Andacht verdorben!«

In dieser Zeit nahm der Vater endlich eine Aufgabe in Angriff, die ihm schon lange Kopfzerbrechen gemacht hatte. Eines Tages riskierte er den Bau einer ganz neuartigen Schweinezuchtanlage. Wiederum standen hohe Eigenkosten ins Haus. Aber als das großzügige Stallgebäude mit seinen fünf Weidekoppeln fertig dastand, war es ein richtiges Schmuckstück für den ganzen Betrieb. Vater hatte eine Art Zentralheizung und Abluftschächte konstruiert, so daß die zarten Ferkelkinder auch winters in Wärme und Trockenheit gedeihen konnten. Es war so hell, sauber und geruchsarm in dem großen, langen Stallgebäude, daß man in der Futterküche jederzeit mit Appetit hätte essen können. Die Wände waren mit Preistafeln geschmückt. Stolze Stammväter langer Schweinegeschlechter und kräftige Muttersauen wurden auf ihre Weise jetzt in ganz Hohenlohe berühmt. Waren die einzelnen Würfe zu groß

(16 bis 18 Ferkelkinder waren keine Seltenheit) fütterte das Mutterle sie mit einem Säuglingsschoppen nach. Bald hüpfte jedes einzelne Ferkelkind auf ihren Schoß und saugte zügig an der Flasche. Man konnte das Gedeihen der manchmal über hundert kleinen Ferkel täglich beobachten.

In den Dreißiger Jahren zeigte sich auch, daß die Wasserquelle im Hof für den steigenden Bedarf nicht mehr ausreichte. Der Sommer 1937 war besonders schwierig. Wenn wir nach einem heißen Erntetag abends verschwitzt und durstig heimkamen, eilten wir zu den Wasserhähnen. Aber da kam kein Tropfen. Im Stall brüllte das Vieh vor Durst, doch wir mußten erst in die umliegenden Dörfer fahren und in großen Fässern Wasser herbeiführen.
»Wieviel Not um das Wasser gibt es in der Welt«, sagte der Vater. »Wir Europäer dürfen nicht klagen, wir haben meist ausreichenden Regen. Wie viele Kontinente unseres Erdballs sind monate- und jahrelang ohne einen Regentropfen! Wir dürfen nicht jammern. Aber wir müssen alles daran setzen, eine weitere Quelle ausfindig zu machen.«
Also ließen wir einen Wünschelrutengänger kommen, der zugleich Geologe war. Nicht allzu weit von Haus und Ställen schlug die Rute tatsächlich so heftig aus, daß der Fachmann äußerte, die Wasserader könne nicht tief liegen.
Eine Bohrmaschine wurde aufgestellt. Sie bohrte und bohrte, aber es kam kein Wasser. Als der Schacht zehn Meter tief war, machte sich bei allen große Enttäuschung bemerkbar, denn die Bohrerei hatte hohe Kosten verursacht.
»Wir bohren noch etwas weiter, aber wenn nach ein oder zwei Metern nichts kommt, müssen wir uns etwas anderes einfallen lassen!« bestimmte der Vater.
Da zischte es – und aus elf Meter Tiefe schoß ein kräfti-

ger Wasserstrahl in die Höhe. Die Quelle war gefunden. Eine Art Feststimmung verbreitete sich über den ganzen Hof.
»Wir haben Wasser, wir haben Wasser!«
Sobald die Quelle gefaßt war, stiegen Vater und ich in den tiefen Schacht, um uns die Sache genau anzusehen. Trotz des hellen Mittagslichtes war es dort unten stockfinster. Aber – als wir nach oben blickten, leuchtete ein Stern zu uns herab. »Wenn es dunkel genug ist, erblickt man die Sterne«, sagte der Vater verwundert. Wir blickten einander an. »Das Licht ist immer da, auch wenn wir es nicht sehen«, sagte er mit verhaltenem Staunen.

Inzwischen verdüsterte sich die politische Landschaft. Die Kristallnacht im November 1938 ließ auch die letzten Gutgläubigen aufschrecken. Vorsichtig begannen meine Eltern hier und dort »nicht ganz arische« junge Leute in die Hausgemeinschaft aufzunehmen, obwohl wir bisher keine Beziehungen zu jüdischen Familien gehabt hatten. Daß nie etwas Nachteiliges geschah, erscheint mir hinterher wie ein Wunder. Wir hatten einen gütigen Ortsgruppenleiter (solche Menschen gab es auch), und die uns immer ein wenig zugeschobenen »Aufpasser« verhielten sich ruhig. Gute und böse Kräfte vervielfachten sich beide. Ich sah auf dem Schreibtisch meines Vaters einmal eine Ausgabe der SS-Zeitschrift »Flammenzeichen« mit großer Überschrift: »Dämonen auf Domänen. Hege im Gehege«. Jener windige Journalist, der mit einer Wortspielerei Sensation machen wollte, wußte nicht, wie tief er erschreckte und wie hart das Schweigenmüssen war, denn ein Aufbegehren hätte Kopf und Kragen gekostet.
Unser Ältester, Rolf, hatte seinem Jahrgang entsprechend, zwei Jahre Militärdienst zu leisten.
»Wenn kein Krieg kommt, wollen wir es gerne auf uns nehmen«, sagte das Mutterle. Sie, die allzeit Tapfere, war voll düsterer Ahnungen. Manchmal wirkte sie jetzt geradezu verzweifelt, denn diese Ahnungen hatten in den Jah-

ren 1938/39 sehr wohl ihre Berechtigung. Sie tröstete sich am gleichmäßigen Gang der Natur, freute sich an ihren Aufgaben, am Wachstum ihrer Kinder, und sie vertiefte sich in ihren knapp bemessenen Feierabenden, für uns alle auffallend, in ein intensives Bibelstudium.
Im Januar 1939 brach in unseren Ställen die Maul- und Klauenseuche aus, die dem Herdbuchvieh einen empfindlichen Rückschlag versetzte. Das Schwierigste aber stand uns noch bevor: die Reichsautobahn sollte in Richtung Nürnberg der ganzen Länge nach über mehrere Kilometer durch unseren Hof geführt werden. Die Pläne waren fertig, die ersten Bodenproben gemacht. Nach der Ernte sollte mit dem Bau begonnen werden.
»Das gefährdet wieder einmal unsere Existenz!« sagte das Mutterle voll trauriger Angst. Aber es sollte alles ganz, ganz anders kommen.

Das Mutterle

An einem selten klaren, späten Augustabend des Jahres 1939 holten wir im Garten Arme voll leuchtender Dahlien, um die letzten Erntewagen damit zu schmücken. Wir konnten uns Zeit lassen, denn es ging dem Wochenende entgegen.
Der große Hofraum lag sauber gefegt im Abendsonnenlicht, als die Gespanne feierlich einzogen und alle Mitarbeiter sich um den letzten Wagen scharten. Diese Sitte bildete einen der Höhepunkte des Jahres, wir waren jedesmal davon ergriffen. Wieder war eine Ernte geborgen.
»Nun wollen wir das Danklied singen«, sagte der Vater. Aber genau in dieser Sekunde fuhr der Postbote in den Hof, lehnte sein Fahrrad an den Eschenbaum und brachte uns einen Stoß Briefe. Es waren Stellungsbefehle für unsere jungen Männer, darunter auch diejenigen der Söhne Rolf und Albrecht.

Totenstill wurde es jetzt ringsum. Nun hatte uns die schreckliche Kriegsangst, die uns in den letzten Tagen gewürgt hatte, eingeholt.
Die Schwalben zwitscherten in der Höhe, leise klirrte das Pferdegeschirr, die Mücken summten. Endlich versuchten wir, trotzdem zu singen. Aber es gelang uns erst bei der zweiten Strophe, und sie klang wie ein Hilfeschrei:

> *Der ewig reiche Gott*
> *woll' uns bei unserem Leben*
> *ein immer fröhlich Herz*
> *und edlen Frieden geben.*
> *Und uns in seiner Gnad*
> *erhalten fort und fort*
> *und uns aus aller Not*
> *erlösen hier und dort.*

So sollte also wiederum Krieg werden in Deutschland! Noch hoffte man, daß wegen des Freistaates Danzig, den Adolf Hitler ans Reich anschließen wollte, nicht wieder die halbe Welt in Brand geraten werde. Man hatte doch aus den Erfahrungen des Ersten Weltkrieges gelernt, oder nicht? Aber schon am 1. September erfolgte der deutsche Einmarsch in Polen. Die Älteren wußten, was »Krieg« bedeutete, wir Jungen wußten es noch nicht, wir waren ein wenig hilflos und spekulierten lediglich darauf, nie mehr Schule zu haben. Verdunkelungen wurden angeordnet, das war eine große Mühe auf dem weitläufigen Hof, vor allem in den Ställen. Lebensmittel- und Kleidermarken lagen fertig gedruckt auf den Rathaustischen. Ach, die Organisation klappte vorzüglich!
Im Frühsommer 1940 wurde in wenigen Wochen Frankreich besiegt.
Für Hohebuch wurde es ein harter Sommer. Durch den Wegfall der eingezogenen Männer waren beide Eltern über ihre Kräfte eingespannt, denn auch die Landwirtstöchter waren nun in den eigenen Betrieben daheim nicht mehr

abkömmlich. Und die italienischen Gastarbeiter, die wir im Jahr zuvor noch gehabt hatten, kamen nicht mehr. Unser Bruder Rolf war Kanonier in Frankreich, wie nötig hätten wir ihn brauchen können!

Vielleicht gelang gerade deshalb das große Familienfest am Sonntag, den 15. September 1940, das in Hohebuch anläßlich des 100. Geburtstages von Vater Christian gefeiert wurde, so ausnahmsweise schön, weil der Werktag grau und drückend war. Acht Geschwister waren es noch; sie zogen mit den Angehörigen nach Löwenstein und Breitenau, wo sie in mennonitischer Gastfreundschaft herzlich aufgenommen wurden.

»In sieben Jahren, wenn die Großmutter ihren 100. Geburtstag feiert, machen wir wieder ein solches Fest!« schrieb das Mutterle ihren Kindern.

Nun aber geschah etwas Merkwürdiges:
Im September 1940 waren im freundlich gelegenen Landarbeiterhaus hinter dem Park bei unserer Melkersfamilie Zwillinge angekommen, zum zweitenmal schon, und zusammen mit der bereits vorhandenen Kinderschar war es für die fleißige, junge Frau eine sie fast überfordernde Aufgabe. Mutterle half umsichtig mit, damit die Wöchnerin bald wieder zu Kräften käme. Trotz der vielen Kleinen und den dadurch eng gewordenen Wohnverhältnissen war es ein bewundernswert geordneter Haushalt. Julie hatte täglich ihre helle Freude daran.

Schließlich reiste die Mutter der Wöchnerin an. Sie litt an einer Gesichtsrose. Julie hatte eine kleine Wunde an der Nase, die sie nicht genügend beachtete. Wahrscheinlich war sie auch etwas übermüdet, so daß ihr Körper zu jener Zeit keine ausreichende Widerstandskraft hatte. In einer Oktobernacht wachte sie plötzlich mit heftigen Schmerzen am ganzen Körper auf. Sie begann zu jammern, was sonst nicht ihre Art war. Hans versuchte sie zu beruhigen, denn es war äußerlich nichts Krankhaftes an ihr zu entdekken. Aber sie sagte:

»Du wirst sehen, es ist eine gefährliche Geschichte. Ich habe mich womöglich angesteckt. Ich fürchte, es ist eine Streptokokkeninfektion. Ich weiß es von meiner Krankenschwesternzeit: Damit ist nicht zu spaßen.«

In der Morgenfrühe verlangte sie energisch nach unserem Hausarzt. Er kam und erkannte sofort den Ernst der Lage. Die Medikamente wollten nicht anschlagen. Schließlich blieb kein Ausweg: Das Mutterle, dessen Anordnungen und Ratschläge man auch vom Bett aus in der ganzen Hauswirtschaft nötig brauchte, mußte in die Diakonissenanstalt Schwäbisch Hall gebracht werden.

»Wenn es nur nicht zu spät ist!« seufzte der Chefarzt Dr. Kibler. »In Amerika gibt es jetzt Penizillin für solche Fälle. Damit hätten wir die Blutvergiftung sofort im Griff. Aber wir haben Krieg, wir können keines beschaffen.«

Mutters Befinden verschlechterte sich zusehends. Alle Kinder wurden nach Hause gerufen. Rolf bekam ein Telegramm nach Frankreich:

»Mutters Befinden hoffnungslos. Erbitte sofort Urlaub.«

Blutübertragungen von Albrecht und mir wurden versucht. Daraufhin besserte sich Mutters Befinden tatsächlich. Und als eines Morgens ihr Ältester unter der Tür stand, übernächtigt, verzweifelt, denn er hatte nicht geglaubt, die Mutter lebend anzutreffen, stand wieder das alte Leuchten in ihrem Gesicht.

»Euer junges Blut macht mir zwar sehr zu schaffen«, sagte sie lächelnd zu mir. »Aber der liebe Gott sieht, daß ihr mich noch braucht. Vielleicht habe ich die Mahnung auch nötig gehabt, ich war in letzter Zeit allzu sehr in meinem Wirkungskreis gefangen. Ich habe meine Arbeit und euch alle so lieb, und jetzt, im Krieg, vermehren sich unsere Pflichten!«

»Welch eine großartige, tapfere Frau!« sagten die Schwestern und Ärzte. »Aber sie ist sehr verbraucht. Ob ihr Wille es schafft?«

Nachts war der Vater immer bei ihr im Krankenzimmer, das war ihr sehr behaglich.
Endlich, am Abend des Allerheiligentages, meinte die Oberschwester, nun sei Frau Hege über dem Berg, die Nachtschwester könne die nötige Wache übernehmen. Vater brauche jetzt dringend einen ruhigen Schlaf im eigenen Bett.
Wie dankbar und glücklich waren wir an jenem Abend! Wir brauchten keine Sorge mehr um die Mutter zu haben.
Der Vater allerdings sah sehr angegriffen aus und hatte ebenfalls ein Nasengeschwür.
»Ich werde mich doch nicht angesteckt haben?« fragte er uns. »Machst du mir eine Nasenschleuder?«
Ich fertigte ihm eine kunstvolle Bandage, er sah sehr drollig darin aus. Die Binde nahm ihm die Nasenatmung, aber er war ganz getrost.
»Verlaßt euch darauf, ich werde trotzdem schlafen wie ein Murmeltier, ich fühle mich nicht krank. Es ist mir, als sei ich noch nie so müde gewesen in meinem Leben.«
Wir schliefen alle wie Erschöpfte und mögen das nächtliche Läuten des Telefons lange nicht gehört haben. Ich nahm den Hörer ab. Am anderen Ende meldete sich die Oberschwester, welche das Mutterle pflegte:
»Es ist nötig, daß Sie kommen. Der Mutter geht es nicht gut.«
Als ich Vaters Schlafzimmer betrat, wirkte er seltsam wissend.
»Weck die Großen, den Kleinen laß schlafen. Nimm mir bitte die Nasenschleuder weg, wir wollen sofort losfahren.«
In der Diakonissenanstalt herrschte Bestürzung. Dr. Kibler hatte bereits eine Einspritzung vorgenommen:
»Ein Herzkollaps. Im Augenblick geht es wieder etwas besser. Die Kinder sollen draußen im Lichthof bleiben.«
Der Vater folgte dem Arzt. Durch die geöffnete Tür hörten wir Mutters Stimme.

»Ich verstehe nicht, was los ist! Es ging doch gestern so gut!«
Wir Geschwister standen draußen vor den verdunkelten Fenstern und dachten: Nur nie, nie eintreten müssen!
Aber wenige Minuten später wurden wir doch ins Zimmer geführt. Schneeweiß lag die Mutter in ihrem Bett. Ein wehes Lächeln verklärte ihr Gesicht, als sie mit schwacher Stimme lallte:
»Seid ihr alle da? Verzeiht...«
Erst in diesem Augenblick begriff sie, genau wie wir, daß es zum Letzten kommen werde. Sie hatte wohl nur eine vorübergehende Störung angenommen. Ein erschütternder Ernst legte sich über ihr Gesicht.
Auch ein rasches Sterben kann unsagbar schwer sein. Wissen wir, welche Räume die Seele zu durcheilen hat? Es war unser erstes Sterben, das wir Kinder erlebten. Dennoch, als bereits nach kurzer Zeit der letzte Atemzug vorüber war und die Brust sich nicht mehr hob, fiel alle Angst vor dem Tod von unseren jungen Herzen ab. Es war Samstag, der 2. November 1940.
Vater sprach ein kurzes Gebet, ich behielt nur den Satz:
»Wir danken dir, Herr, daß wir solch eine Mutter haben durften.«
Durch die Nebelnacht fuhren wir nach Hause. Der kleine Lichtkegel unseres Autos zeigte nur die nächsten Meter. Dies war uns wie eine Verheißung: Ringsum unheimliches Dunkel, aber den nächsten Schritt würden wir erkennen.

Schwer lastete das Leid auf dem ganzen Hof. Gegen Mittag drang die Sonne durch den Nebel, die Parkbäume leuchteten und flammten in ihrem Herbstlaub, daß es in den Augen schmerzte. Am Abend begann unser Vater zu fiebern. Er hatte eine schlechte Nacht, die Nase schwoll an, und der am Sonntagmorgen herbeigeholte Hausarzt war betroffen.
»Es hat nicht viel Sinn, euren Vater am Sonntag ins Kran-

kenhaus zu bringen«, sagte er. »Ich habe den Eindruck, daß es keine Infektion ist, obwohl es so aussieht.«
Er verordnete die ihm nötig erscheinenden Medikamente und versprach, abends wieder zu kommen.
Es wurde ein langer, banger Sonntag. Mutterles einziger Bruder Rudolf nahm inzwischen geschickt alle äußeren Angelegenheiten in die Hand.
Vaters Fieber stieg weiterhin. Der Arzt kam nochmals und beruhigte uns. Es sei eine ganz andere Ausgangslage als bei Mutterle. Man müsse auch den seelischen Schock in das Krankheitsbild mit einbeziehen. Dennoch wurden wir von Stunde zu Stunde unruhiger.
Welch merkwürdige Größe ist die Zeit! War es in der Tat erst dreißig Stunden her, seit wir dem Mutterle die Augen geschlossen hatten? Unser kleiner Bruder drückte aus, was wir alle empfanden:
»Nun hat man Mutterles Tod schon fast vergessen aus lauter Sorge um Papa.«
Wir wagten nicht, zu Bett zu gehen, weil wir innerlich zu aufgewühlt waren. Da meldete sich sehr spät jemand an der Haustür. Unser Hausarzt Dr. Fellmann trat aus der Dunkelheit in die Diele:
»Ich spüre, euch erdrücken die Sorgen. Ihr seid jetzt sehr allein. Ich werde bei euch übernachten, und morgen früh bringen wir den Vater ins Krankenhaus.«
Am anderen Morgen war das Fieber etwas gesunken, aber der Vater fühlte sich sehr erschöpft. Er war gerne bereit, ins Krankenhaus zu gehen.
»Laßt Mutterles Grab doppelt tief ausheben«, war seine einzige Anweisung.
In Schwäbisch Hall bekam er ein freundliches, helles Krankenzimmer. Er gab seinem Schwager die nötigen Vollmachten und sank müde in sein Bett zurück. Blutübertragungen wurden vorbereitet. Diesmal hatten Rolf und Joachim die gleiche Blutgruppe.
Am Abend kam das Mutterle in ihrem Sarg; man behielt damals die Angehörigen bis zur Bestattung im Haus.

In zarter, zeitloser Schönheit lag sie zwischen ihren Blumen. Wir bahrten sie in der Diele auf, unser Bruder Albrecht hielt eine schlichte Aussegnung für uns und unsere Hofgemeinschaft. Und bereits am anderen Morgen erreichte uns der erlösende Telefonanruf aus Schwäbisch Hall. Der Vater habe eine gute Nacht gehabt und sei außer Lebensgefahr. Unsere Dankbarkeit war tief. Es war uns, als riefe uns Mutterle zu:
»Jetzt aber zusammenstehen und die auferlegte Last meistern!«

Wie ein Wehschrei lief die Nachricht von Julie Heges Tod durch Nordwürttembergs Städte und Dörfer: »Die Mutter des Hohenloher Landes ist tot.« Die Zeitungen waren voll Anteilnahme. Nur wenige Jahre hatte sie wirken können – aber welch bleibenden Eindrücke hatte ihr Dasein in das herbe Land eingezeichnet! In ihrem Nachttischchen fand ich einen kleinen Zettel, den sie als Lesezeichen benützt hatte, darauf stand:

> *Du bringst nichts mit herein,*
> *du nimmst nichts mit hinaus,*
> *laß eine goldene Spur*
> *im alten Erdenhaus.*

Am Abend vor der Beerdigung gingen wir, nun an Vaters Statt, nochmals durch alle Ställe. Wie traurig war selbst der jüngste Melkerlehrling! Der Ochsenjohann saß in seiner Futterküche und schluchzte. Alle Sonne seines Lebens war ihm genommen. Unser Pferdemeister richtete das Geschirr für den Wagen, der den Sarg nach Waldenburg bringen sollte.
»Die beiden da – die Wallache, die hat das Mutterle so gern gehabt! Und den Fuß von Alex hat sie lange gepflegt. Nun müssen sie morgen zum Friedhof fahren.«
Eine für uns unübersehbare Menschenmenge folgte uns,

als die Pferde mit ihrer kostbaren Last am anderen Tag langsam zum Hoftor hinausbogen und nach Waldenburg zogen.
Droben in der Kirche wurde der Sarg niedergestellt. Ein damaliger Lehrer, Julius Gessinger, hatte ein Gedicht von Mutterle vertont, und die Kinder des nahen Kinderheims sangen es uns entgegen. Wollte sie uns dadurch Mut zusprechen?

> *Laß mich's glauben ohne Wanken,*
> *gib mir stillen, klaren Sinn,*
> *Deine großen Heilsgedanken*
> *ziehn auch durch mein Leben hin.*
> *Wieviel Sonne, wieviel Segen*
> *floß aus deiner Hand mir zu,*
> *bring mein Herz bei allem Zagen*
> *friedevoll in dir zur Ruh.*
>
> (Julie Hege)

Eine Viertelstunde vom Städtchen entfernt, von einer frühgotischen Kapelle bewacht und bei nahen Wäldern geborgen, liegt der Waldenburger Friedhof. Damals ließ die frisch gepflanzte Tannenschonung den Blick in die weite Ebene und nach Hohebuch noch frei. Mutters Ruhestätte war ein einzigartiger Platz. Liebe und Fürsorge von vielen Menschen umgaben uns wie ein wärmender Mantel.
Nach der Bestattung fuhren Albrecht und ich ins Krankenhaus, um dem einsamen Vater zu berichten. Er war ganz ruhig, gefaßt und gütig. Man spürte, daß er jetzt vor allem an seine Kinder denken wollte und nicht nur an sich und sein Leid. In den Händen hielt er ein Veilchensträußchen, das zur Stunde der Beerdigung von aufmerksamen Freunden bei ihm abgegeben worden war. Wir hatten den Eindruck, daß er das Geschehen, welches ihn bis an die Grenze des Tragbaren führte, neu einzuordnen begann und sich zu einem Weiterweg vorantastete.

Nach vierzehn Tagen konnte er aus dem Krankenhaus entlassen werden. Wie mag es ihm zumute gewesen sein, als er auf seinen Hof zurückkehrte!
»Wenn eine Mutter stirbt, verlöschen alle Kerzen.«
Wir Kinder taten ihm zulieb, was wir konnten, und er empfing selbst die geringste Zuwendung mit ergreifender Dankbarkeit. Aber seine Seele war zu Tode verwundet, seine Nächte dunkel, seine Tage öde und voll trauriger Ratlosigkeit.
In einem Brief an einen Freund findet sich folgende Stelle:

Meine Frau war solch ein starker Mensch, klar und sicher in ihrer Auffassung. Dabei gütig und selbstlos. Es war schön, mit ihr zusammenzuarbeiten, vom ersten bis zum letzten Tag. Und deshalb ist es nun auch so schwer.
Mit der Frage nach dem »Warum« bin ich noch nicht fertig. Manchmal ist mir leichter und trostvoller zumute, dann aber ist es wieder ganz schwer und unfaßlich.
Ich weiß wohl, daß mich dieses Geschehen näher zu Gott führen soll, und ich bitte darum, daß es so sein möchte. Aber muß Gott dazu das schwere Leid schicken?
Es wird so sein, sonst hätte er es nicht getan. Das macht mich manchmal traurig über mich selbst. Aber es darf nicht das Letzte sein, ich weiß es wohl. Ich will mich darauf verlassen, daß Gott mir helfen wird, zu verstehen, und wo ich nicht verstehe, es im Glauben anzunehmen.

Das Weihnachtsfest rückte näher. Wir hatten bisher nicht gewußt, daß es so viel einfühlsame Güte auf der Welt gab. Wie viel treues Gedenken erreichte uns an diesem ersten Fest ohne die Mutter! Alle vier Brüder konnten nach Hause kommen. Wir bemühten uns, den Mitarbeitern im Betrieb ihren Heiligen Abend so freundlich zu gestalten, wie es nur möglich war. Wie immer stand die zimmerhohe Lichtertanne in der Ecke, wie immer sangen wir unsere Weihnachtslieder.

Als ich nach einiger Zeit den Vater bitten wollte, noch ein abschließendes Lied zu spielen, das den Übergang zum festlichen Essen bilden sollte, war er unauffindbar. Nachdem ich das ganze Haus durchsucht hatte, hörte ich ihn schließlich im dunklen Schlafzimmer. Ich öffnete leise die Tür einen Spalt weit. Er weinte bitterlich. Sein Schmerz erschien mir so abgrundtief, daß auch das zärtlichste Wort einer jungen Tochter ihn nicht würde erreichen können. Vorsichtig schloß ich die Tür wieder. Plötzlich wußte ich: Auch wenn wir Kinder unendlich um die Mutter trauerten, so waren wir doch auf eine Zukunft hin angelegt. Dem 55jährigen Vater aber war Glanz und Glück seines Daseins genommen. Er trug seine ungeheilten Wunden nach außen fast lautlos. Ich aber erfuhr an jenem Abend wenigstens ahnungsweise etwas von den ganz großen Schmerzen des Lebens.

Still ging ich wieder zum Weihnachtszimmer, in der festen Hoffnung, daß Gott gern zu den Menschen kommt, die ihn nötig brauchen.

Einige Zeit darauf war der Vater wieder unter uns. Niemand sah ihm etwas an. Gedämpft spielte er am Klavier, kreiste um einige Bachchoräle und mündete schließlich in die Strophe ein:

> *Ich lag in tiefster Todesnacht,*
> *du warest meine Sonne.*
> *Die Sonne, die mir zugebracht*
> *Licht, Leben, Freud und Wonne.*
> *O Sonne, die das werte Licht*
> *des Glaubens in mir zugericht,*
> *wie schön sind deine Strahlen!*

(Paul Gerhardt)

Ernste Zeiten

Wie eine zarte Musik erklang Mutterles umfangreicher Schlüsselbund, als ich ihn an Neujahr 1941, acht Wochen nach ihrem Tod, auf dem Wohnzimmertisch ausbreitete. Vater trat ein.

»Ei sieh! Wenn ich Mutterles Schlüsselbund höre, dann ist mir grade, als ginge sie wieder durchs ganze Haus.«

Ich seufzte.

»Mit den Schlüsseln werde ich nie zurechtkommen. Für manchen Schlüssel finde ich kein Schloß und für manches Schloß keinen Schlüssel. Nur das Mutterle wußte Bescheid.«

Er blickte traurig auf die vielen kleinen und großen Schlüssel.

»Ja, so ist das, wenn eine Mutter plötzlich fort ist und ihre einzige, kaum 20jährige Tochter nicht viel mehr als gerade die Schulbank hinter sich hat. Es ist mir klar geworden, daß wir Mutters genau auf ihre Person zugeschnittene Art zu wirtschaften nicht in der gleichen Weise weiterführen können. Zuerst müssen wir das Wohnhaus praktischer umbauen. Ich werde mit dem Kreisbaumeister sprechen, wie wir diese längst fälligen Arbeiten, trotz des Krieges, ein wenig voranbringen können. Und als zweites mußt du eine ländlich-hauswirtschaftliche Ausbildung abschließen, damit du danach Mutterles Platz auf deine Weise ausfüllen lernst.«

»Alle denken, ich dürfe dich und den kleinen Hans-Ulrich jetzt nicht im Stich lassen.«

»Das ist lieb gedacht. Aber da auch ich nach dem plötzlichen Tod meines Vaters ohne ausreichende Kenntnisse vor meinen Aufgaben stand, weiß ich, daß eine abgeschlossene Ausbildung mit Staatsexamen unerläßlich für dich ist. Ich habe schwer genug daran getragen, daß ich kein Diplom hatte. Bei dir soll uns das nicht noch einmal passieren.«

»Es ist ein Opfer, das du bringen willst, Papa!«

»Ja. Es scheint mir aber unumgänglich. Meine Schwester Johanna wird uns über die Zeit deiner Ausbildung ihre älteste Tochter schicken. Und unsere jungen Verwaltersleute Gerster sind ein Glücksfall. Laß uns vertrauen, daß wir einen Weg finden.«
Der Weg ließ sich besser finden, als wir zuvor gedacht hatten. Mit Dankbarkeit erfüllt mich all die Hilfe, die mir dabei zuteil wurde. Ich durfte meine theoretische Ausbildung und die Staatlichen Prüfungen innerhalb eines Jahres ablegen, die notwendigen Praxisjahre konnte ich mit Erlaubnis des Ministeriums zu Hause ableisten. Seit Mutters Tod hatten wir kaum mehr unter Schikanen des Dritten Reiches zu leiden.

Meine Anwesenheit in Hohebuch war nun insofern besonders nötig, als die vielen seelischen Belastungen Vaters Gesundheit angegriffen hatten. Immer wieder entstanden Magengeschwüre, die sorgfältiger Diät bedurften; Furunkel, die behandelt werden mußten, auch trat häufig starkes Kopfweh auf. Außenstehende merkten von den Beschwerden des fein empfindenden Mannes kaum etwas. Es war seine Art, alle Dinge, die ihn persönlich betrafen, still für sich zu tragen.
Unmerklich wuchs er nun auch in die neue Rolle hinein, die ihm das Schicksal zugewiesen hatte. Er rückte mehr und mehr zugleich auch an die Stelle der Mutter. Nun schrieb *er* die Briefe an die Söhne im Feld, *er* lud Verwandte und Freunde ein und bemühte sich, von Mutterles unmittelbarer Art in der Begegnung mit Menschen zu lernen. Er, der bisher äußerst verschlossen, manchmal sogar gehemmt gewesen war, öffnete sich nun seiner Umgebung, er teilte sich auch williger mit als früher. Man spürte, Mutterles Wesen war um ihn.

Beim Tod meiner Frau waren unsere Kinder in einem Alter, wo sie die Mutter so notwendig gebraucht hätten. Es wurde mir klar: Du mußt ihnen, so gut es geht, die Mutter ersetzen;

deine Kinder sind deine wichtigste Aufgabe. Auch die wirtschaftlichen Dinge sind wichtig, aber sie stehen im zweiten Rang. Und es war ein überaus dankbares Erleben, den Kindern zu zeigen: wir müssen zusammenhalten, wir wollen miteinander darum ringen, daß unser Leben nicht Not leidet. Unser Verhältnis wurde ein anderes. Meine Kinder flüchteten sich zu mir und ich mich zu ihnen.

(Aus einem Brief)

Inzwischen wurde das Wohnhaus umgebaut, Küche und Speiseräume konnten ins Erdgeschoß verlegt werden. Am Abend, ehe der 4 qm große, wohl 100jährige, erstmals erkaltete Kohlenherd aus der bereits leeren Küche herausgeschlagen werden sollte, stand ich lange davor. Ich verstand auf einmal, warum unsere Vorfahren vom »heiligen Herd« gesprochen hatten. Es war nicht nur deshalb, weil sie kein Zündholz hatten und die Glut hüten mußten. Der Herd war Mittelpunkt des Lebens im Haus. Auf ihm hatte das Mutterle unseren Kinderbrei gekocht, den Leinsamen für die Kälber, den Trank für die Pferde oder den Haferschleim für die Ferkelkinder. Hier hatten viele Haustöchter und Lehrlinge kochen gelernt und angstvolle Schweißtropfen vergossen. Festessen wurden zubereitet und hungrige Landstreicher gespeist. Wir hatten unsere nassen Winterkleider um die Herdstange gehängt und uns die Hände gewärmt. Der Herd war ein Stück unseres Lebens geworden – nun wanderte er zum Schrott. Ich konnte nicht anders, ich strich liebevoll über die kalten Stahlplatten und über die verbogenen Herdringe – meine sich schwärzenden Hände bekümmerten mich nicht.

Draußen ging der Krieg weiter. Ende 1941 wurde auch unser Bruder Joachim, knapp 19jährig, zum Wehrdienst gerufen. Er kam zu der später durch den Namen Stalingrad so schrecklich bekannt gewordenen 6. Armee.

Der Winter 1942 war bis in den März hinein sehr kalt. Jeden Abend dachten wir mit Sorge an die vielen deutschen und russischen Soldaten.
Am Abend des 12. März 1942 begaben sich die Hohebucher Hausbewohner wie immer mit ihren Wärmflaschen in ihre kalten Schlafzimmer. Manchmal mußten wir selbst über unseren »Flaschenzug« lachen. Um 22 Uhr wurde der elektrische Zentralschalter gelöscht, damit nirgends unnötig Licht durch die Ritzen der Verdunkelung blitze.
Alles lag in tiefem Schlaf, als nach Mitternacht plötzlich das Telefon läutete und auf der nahen Straße mörderisches Geschrei entstand:
»Feuer! Feuer!«
Autos rasten, aufgeregte Rufe drangen ins Haus. Alle stürzten in die Kleider. Feuerfunken flogen über die Scheunendächer. Der nördliche Himmel leuchtete blutrot durch die Nacht. Dabei war es bitter kalt.
Was war geschehen? Von der hochgelegenen Baumallee konnten wir erkennen, daß das riesige Brauereigebäude, das der Vater bei der Hofübernahme käuflich erworben hatte, in hellen Flammen stand.

Die Löschzüge von Waldenburg und Öhringen konnten trotz stärksten Einsatzes dem zerstörenden Wüten des Brandes, der einer der größten in unserer Gegend ist, keinen entscheidenden Einhalt tun. Die Untersuchung der Entstehungsursache ist noch im Gang.

(»Hohenloher Rundschau«, 13.3.1942)

Vermutlich war in der Mälzerei eine Obstdarre in Brand geraten.
Wenigstens konnte das danebenliegende Wohngebäude gerettet werden.
Gelassen sah der Vater in das schwelende Gemäuer.
»Warum sollen wir nicht auch, wie so viele Menschen in jetziger Zeit, eine Ruine haben?« meinte er. »Die Haupt-

sache ist, daß niemand zu Schaden kam. Ruinen kann man eines Tages wieder aufbauen, Menschenleben lassen sich nicht mehr ersetzen.«
Zunächst fühlte man sich an Schillers »Lied von der Glocke« erinnert:

> *In den öden Fensterhöhlen*
> *wohnt das Grauen,*
> *und des Himmels Wolken schauen*
> *hoch hinein.*

Vor dem Sommer 1942 war uns allen ein wenig bange. Der Krieg dehnte sich; immer wieder waren Gefallene zu beklagen, Arbeitskräfte waren keine mehr zu bekommen; der Treibstoff für die Motoren war streng kontingentiert, viele Arbeiten mußten wieder mit Gespannen erledigt werden. Schließlich erhielten wir ein Kommando russischer Kriegsgefangener, es waren im großen und ganzen bescheidene, arbeitssame Menschen, die sich brauchbar anstellten. Sie zogen in die hübsch gestalteten Räume der früheren italienischen Gastarbeiter ein und waren recht zufrieden mit ihrem Los. Wir mochten sie gern.

Mit Sorgen vernahmen wir die Vorgänge um Stalingrad. Wir bangten um Joachim. Aber siehe da – eines Herbstmorgens meldete er sich aus einem bayerischen Lazarett. Ein weitschauender Arzt, der die Septemberkämpfe unter General Paulus in ihrer Hoffnungslosigkeit richtig eingeschätzt hatte, ließ alle nur möglichen Krankheitsfälle in die Heimat ausfliegen. Joachim hatte eine leichte Gelbsucht. Nach seiner Genesung kam er in Urlaub. Er erzählte uns erschütternde Vorgänge, er trauerte um seine Kameraden in Stalingrad, denen er keine Überlebenschancen gab. Die Entwicklung der nächsten Monate gab ihm recht. Der inzwischen 21jährige war tief ernst geworden. Wir trösteten uns damit, daß er nun zu einer anderen Einheit käme.

Diesmal fiel der Abschied dem jungen Fahnenjunker sehr schwer. Vor der Abfahrt wünschte er sich noch das Lied, das Vater dann spielte: *Befiehl du deine Wege...*
Ach, diese Abschiede in jenen Jahren! Würde man sich jemals wiedersehen? Wir begleiteten Joachim hinaus auf den verdunkelten Bahnhof.
»Ich spüre, ich komme nie wieder heim«, sagte er fast unhörbar.
Dann fuhr er in die Nacht hinaus, an die russische Front.

Das Jahr 1943 brachte gesteigerte Luftangriffe. Wir wurden in Richtung Nürnberg überflogen. Bahnhöfe waren vornehmlich Beschußziele, und da der unsrige nur wenige hundert Meter entfernt lag, hatten wir oft Fliegeralarm. Ahnungsweise begriffen wir dadurch die Ängste der Menschen in den großen Städten.
Nun muß man aber nicht denken, wir hätten während des ganzen Krieges keinen fröhlichen Atemzug mehr getan. Es ist vielmehr so, daß der seelisch gesunde Mensch – und unser Vater war ein solcher – immer wieder Möglichkeiten des inneren Gleichgewichts findet. Und da wir Menschen auf Freude hin angelegt sind, fanden sich auch beglückende Augenblicke genug, von denen wir lange zehrten. Ich erinnere mich beispielsweise eines frühen Sommermorgens, als der Vater mich aus der Küche holte:
»Komm, ich muß dir etwas zeigen!«
Wir gingen hinaus auf den Flachsacker, der soeben aufgeblüht war. Wie ein blaues Meer lag das Feld vor uns. Man fühlte Eichendorffs Lied über dem Duft des Landes: *Es war, als hätt der Himmel die Erde still geküßt...*
Bei einem Flachsfeld dauert solch ein Himmelskuß nur kurze Morgenstunden; schon bis zum Mittag sind die leichten, lichtblauen Blütenblätter abgefallen.
»Wie schön ist unsere Welt trotz allem!« sagten wir zueinander.
Die Sonne stieg über dem Park empor, wie im tiefsten Frieden lag das weite, herrliche Land. Ein Erdenmorgen

mit dem Lied der Lerchen als Lobgesang der Schöpfung, wie von alters her! Es war ein fast vollkommener Augenblick.
Ein andermal rief mich der Vater in den Hof:
»Ich habe ein Geschenk für dich!« Zwei stämmige Schafböcke hüpften im Grasgarten umher. »Du brauchst jetzt gute Wolle, außerdem müssen die Schafe unser Gras fressen, wir haben keine Zeit mehr zum Mähen.«
Im Mai scherte ich zitternd und zagend meine ersten Schafe, aber sie waren tatsächlich so geduldig, wie es in der Bibel steht. Die Fülle der Wolle ließen wir reinigen, besorgten uns Spinnräder, und dann ging es ans Spinnen und Stricken. Dabei hatten wir einen wichtigen Nebenzweck im Sinn. Viele Leute aus den Städten hatten inzwischen Unterschlupf bei uns gesucht, die Bombennächte waren gar zu schlimm, vor allem für die jungen Mütter mit kleinen Kindern. Es waren jedoch sehr verschiedenartige Charaktere darunter, und weil die einzelnen oft nicht genug zu tun hatten, begannen sie einander zu stören. Da war es nötig, gute Beschäftigung zu finden. Die weiche Wolle verarbeiteten alle gern.

Im Jahr 1944 wußten wir, daß, trotz der vollmundigen Reden Josef Goebbels der Krieg nur noch ein katastrophales Ende nehmen würde. Amerikaner und Briten setzten im Juni ihren Fuß auf das europäische Festland, Es war nur noch eine Frage der Zeit, wann sie uns überrollen würden.
Unser Ältester, Rolf, war inzwischen als Offizier auf dem Balkan eingesetzt. Albrecht kam in den Osten. Joachim war in Rumänien. Nun wurde auch noch Hans-Ulrich, 16jährig, zu den Flakhelfern eingezogen. Der Vater hatte jetzt alle vier Söhne unter den Waffen.
»Ich bin dankbar, daß Mutterle das nicht mehr erleben muß«, sagte er. Der Gedanke tröstete ihn und half ihm durch seine einsamen Stunden.
Am 20. Juli wollten wir gerade mit der Ernte beginnen.

Schon waren einige Ferienkinder gekommen, die man über die Sommerwochen durchfütterte, damit sie den Stadtwinter besser überstehen konnten. Da rief mich Vater in sein Arbeitszimmer:
»Auf Adolf Hitler ist ein Attentat verübt worden. Der Rundfunk unterbrach seine Sendung.«
»Und wie ist es ausgegangen?«
»Ach, wenn das nur auch wirklich ein Attentat war! Es ist ihm nichts geschehen! Man weiß gar nicht mehr, was man eigentlich noch glauben kann. Sollen vielleicht bloß mal wieder ein paar Dutzend unbequeme Leute aus der Welt geschafft werden? Warum konnte das alles nur so weit kommen? Weil niemand es für möglich hielt, daß die Menschheit solcher Verbrechen fähig ist.«
Aber freilich erfuhren wir sehr bald, daß auch einige uns bekannte Namen unter den Attentätern gewesen waren.

Von jetzt an wurden die Tage und Wochen atemlos. Verwandte und Freunde wurden ausgebombt und waren dann einfach da. Umgesiedelte Auslandsdeutsche rückten an. Unser altes Haus mag sich gewundert haben, wie viele Leute immer wieder von neuem Platz fanden.
An den späten Herbstabenden drängten sich nun viele in die geheizte Wohnstube. Da eine Gesprächsrunde bei der Verschiedenartigkeit der einzelnen allzu schwierig gewesen wäre, ließen wir die alten Gesellschaftsspiele aufleben. Und Vater war nie ein Spielverderber, sondern oft mit dabei. Trotz allem Unbill sind mir diese Abende in harmonischer Erinnerung; ich glaube, es war sein aufmerksamer, väterlicher Geist, der in großer Ruhe, aber nie ohne Autorität, die einzelnen, einander entgegengesetzten Bestrebungen zu einer Einheit formte.
Als ich am Morgen des 1. Advent 1944 eine selbstgegossene Kerze für die große Hausgemeinschaft entzündete, überfiel mich der Gedanke: Dürfen wir, die wir jetzt miteinander Advent feiern, wohl jemals in unserem Leben wieder eine erste Adventskerze anzünden?

Wie eine große dunkle Wolke hing das kommende Geschick über uns allen. Hans schrieb in jenen Tagen:

> *Unter unserem Christbaum werden in diesem Jahr viel mehr Menschen stehen als jemals. Aber unsere eigenen Kinder werden weit fort sein. Sie stehen mit anderen zusammen. Und diese anderen sind auch alle ohne Heimat.*
>
> *Wenn der Vater im Himmel seine Kinder so durcheinanderschüttelt, wird er damit doch irgendeinen Zweck verfolgen.*
>
> *Ich schrieb meinen Söhnen ins Feld, daß nur die richtig Weihnachten feiern werden, die bereit sind, sich mit den Menschen, in deren Kreis sie hineingestellt sind, als Familie zu fühlen. Es sind sozusagen von Gott neu zusammengestellte Familien, aus Flüchtlingen und Heimatlosen.*
>
> *Gott hat uns Aufgaben an unseren Mitmenschen gestellt. Die allergrößten Aufgaben uns, die wir bis jetzt noch Haus und Heim haben. Die Menschen, die wir aufnehmen und mit denen wir leben müssen, sind uns nicht alle sympathisch. Viele sehen auch nicht so, wie sie sollten, was man an ihnen tut, äußerlich und innerlich nicht; sie finden keinen Weg zur Dankbarkeit. Aber das soll von untergeordneter Bedeutung sein. Wesentlich ist, wie wir uns in dieser einzigartigen Prüfung, in die Gott uns hineinstellt, verhalten. Nie hätten wir bessere Gelegenheit, uns selbst und andere wirklich kennenzulernen.*
>
> (Aus einem Brief)

Am Montagabend nach dem ersten Advent holte mich der Vater nochmals ins Freie. Hinter der Feldscheuer, mit offenem Blick nach Westen, war eine Röte entstanden, obwohl die Sonne längst untergegangen war.
Die Röte wuchs, sie nahm bald den Westhimmel ein.
»Kann das Heilbronn sein?« fragte ich. »Aber über fast fünfzig Kilometer Luftlinie sieht man doch einen Brand nicht!«
»Es könnte dennoch sein«, entgegnete der Vater. »Ich erinnere mich aus meiner Jugend des Brandes von Ilsfeld,

am 4. August 1904. Man hat von den Löwensteiner Bergen aus die Röte gut gesehen, und es waren doch auch zwanzig bis dreißig Kilometer. Aber wenn es Heilbronn wäre – es müßte ein schrecklicher Angriff gewesen sein.«
Am nächsten Tag erfuhren wir, daß am Abend des 4. Dezember in weniger als einer halben Stunde die herrliche alte Reichsstadt durch einen britischen Angriff schwer getroffen worden war. Noch wußten wir keine Einzelheiten. Die wenigen Züge, die auf unserem Bahnhof einfuhren, brachten geflüchtete Heilbronner. Deren Kleider hingen voll Brandgeruch, ihre Haare waren versengt, ihre Augen entzündet. Aber sie antworteten nichts auf unsere aufgeregten Fragen. Wir kochten Erbsensuppe im großen Waschkessel, sie wärmten und sättigten sich, ehe sie ins Hohenloher Hinterland weiterzogen. Stumm, apathisch schlürften sie ihren Eintopf und starrten vor sich hin.
Wir hatten Bekannte und Verwandte in Heilbronn. Jedoch war telefonisch nicht durchzukommen.
»Es nützt nichts, wir müssen morgen selbst sehen, was los ist«, sagte der Vater. So machten wir uns denn in der Morgenfrühe des 7. Dezember mit einem Rucksack voll Lebensmitteln auf den Weg.
Hinter dem großen Heilbronner Tunnel, kurz nach Weinsberg, hielt der Zug. Über Geleise und verbrannte Bretter suchten wir unseren Weg in die Stadt.
Jetzt wußten wir, warum die Geflüchteten kein Wort über ihre Lippen gebracht hatten! Das Grauen, das sich hier vor uns auftat, überstieg alle Vorstellungen. Hatten wir bisher auf einer Insel gelebt? Das also war der Krieg!
Von Brand und Hitze verschrumpelte Leichen lagen an allen Ecken. Ganze Straßenzüge waren in Ruinen verwandelt. Wir verloren bald die Orientierung in dem Trümmerfeld, da auch viele Gebiete gesperrt waren. Ein schrecklicher Brodem stieg aus den Kellern. Schließlich erkannten wir von ferne die Trümmer der Kilianskirche und wußten wieder in etwa, wo wir uns befanden. Unsere Füße waren müde, wir hielten nach einem Stein Aus-

schau, auf den wir uns setzen könnten, aber wir mußten lange suchen, bis wir eine Stelle fanden, in der nicht unmittelbar vor uns verkohlte Leichen lagen.
»Ist das eigentlich ein böser Traum oder ist es Wirklichkeit?« fragte ich.
»Das weiß ich auch kaum mehr«, seufzte der Vater.
»Das müssen ja Tausende gewesen sein, die hier umkamen. Heilbronn ist *gewesen*. Und wenn es in anderen Städten auch so aussieht, dann gibt es schon jetzt kein Deutschland mehr. Unser schönes, geordnetes Land...«
Er saß da und bedeckte das Gesicht mit beiden Händen.
Wäre jetzt ein Engel erschienen und hätte geweissagt: »In zehn Jahren wird der Oberbürgermeister der Stadt Heilbronn sich persönlich bei Hans Hege für die tatkräftige Mithilfe beim Wiederaufbau bedanken, und in fünfzehn Jahren wird der Sohn Albrecht in der wieder erstellten Kilianskirche predigen«, wir hätten ihm kein Wort geglaubt.
Wir stolperten weiter, über bucklige Ruinenpfade, bis wir schließlich in den Außenbezirken Freunde fanden, die dankbar unsere Lebensmittel in Empfang nahmen.
Als wir am Abend heimkehrten und uns in tiefer Dunkelheit durchs Hoftor tasteten, war es uns, als seien wir jahrelang fort gewesen. Inzwischen waren wieder neue Leute angekommen, die Unterkunft suchten. Tags zuvor hätten wir noch geseufzt, jetzt empfanden wir es als eine Gnade, anderen inmitten solchen Elends ein bißchen Hilfestellung geben zu dürfen.

Das Jahr 1945 wurde nicht durch Glocken eingeläutet. Sie waren längst von den Türmen genommen und zu Kriegszwecken abtransportiert worden. Alle Jahre zuvor hatten wir noch ein Danklied gesungen. Dieses Jahr brachten wir es nicht fertig. Jedoch sangen wir um zwölf Uhr das Paul Gerhardt-Lied aus dem Dreißigjährigen Krieg:
Nun laßt uns gehen und treten...
Wir sangen eine Strophe um die andere, mit wachsen-

dem Staunen feststellend, daß jede einzelne Zeile wie eigens für unsere Situation geschrieben war. Und hinter unserem Kummer tat sich ein Hoffnungsschimmer auf: Wenn der Dreißigjährige Krieg ein Ende genommen hatte, dann würde doch auch dieser Krieg einmal ein Ende nehmen und
> *auf das Blutvergießen*
> *die Freudenströme fließen.*

Das Kriegsende

Am 1. Februar 1945 fand ich im Garten die erste Schneeglöckchenspitze. Ich half noch ein wenig nach (was ich sonst nie tue) und überreichte dem Vater das Blümchen an Lichtmeß. Es war sein sechzigster Geburtstag.
»Ein Schneeglöckchen am 2. Februar aus dem Hohebucher Garten?« meinte er erstaunt. »Das habe ich an meinem Geburtstag noch nie erlebt!«
»Mir kommt es vor wie das Ölblatt der Taube aus der Arche Noah, Papa!«
»Zunächst sitzen wir alle noch mitten drin in der Arche! Wissen wir, ob sie nicht auseinanderbricht und ob wir landen? Die Alliierten stehen kurz vor dem Rhein. Aber du hast recht: darum ist uns die Geschichte von der Arche ja erzählt, damit wir vertrauen sollen.«
Es war ein schwerer Geburtstag. Die Angst vor dem, was kommen würde, lag erdrückend auf allen Gemütern. Dennoch fanden wir uns am Abend zusammen, um dem Vater vierstimmig ein eigens für diesen Tag gedichtetes und komponiertes Lied zu singen. Ein blinder, evakuierter Freund, Reinhold Schaad, hatte sich besonders gut in Vaters innere Haltung eingefühlt.
Es war nach Text, Melodie und Satz ein gut gestaltetes Lied, und durch die Anwesenheit einiger geschulter Stimmen und eines perfekten Klavierspielers wurde unsere Uraufführung für den Vater eine richtige Freude.

Hans Hege zum 60. Geburtstag

Bis hierher hat mir Gott
den Weg gewiesen
und nicht Gewalt noch Spott
soll mich verdrießen.
Ich bitte, wo ich bin
und wo ich gehe
mit dankerfülltem Sinn:
Sein Will' geschehe!

Ihr Kinder dieser Welt,
wollt doch verstehen,
daß Neid und Haß und Streit
nur dann vergehen,
wenn ihr an Gottes Statt
nicht selbst wollt handeln:
Welt läßt durch Menschentat
sich nicht verwandeln.

So geh ich froh und still
in allen Stürmen
dahin, wo Gott es will.
Er wird mich schirmen.
Es soll die Nacht der Welt
mich nicht bekümmern.
Schon dringt durchs Wolkenzelt
ein göttlich Schimmern.

In diesem Glauben sei
der Weg beschritten,
den mir der Herr aufs neu
noch hat beschieden.
Tod – ob er nah, ob fern,
was sollt ich beben?
Mir ist er Tor zum Herrn,
zum ew'gen Leben.

Reinhold Schaad

Das Geburtstagsschneeglöckchen läutete ein unbeschreiblich schönes Frühjahr ein. Es war, als wolle die Natur uns in der ihr eigenen Sprache zurufen: »Verzagt nicht, ihr Menschen! Werft euer Vertrauen nicht weg!«
In der zweiten Februarhälfte war der Boden schon so weit abgetrocknet, daß der Vater meinte:
»Wir wollen es mit Luthers Wort vom Apfelbäumchen halten und unsere Saaten in den Boden bringen, auch wenn wir nicht wissen, ob wir etwas davon ernten.«
Doch als er am ersten Nachmittag aufs Feld ging, um nach den Gespannen zu sehen, sausten schon die ersten »Jabos«, kleine, leichte Jagdflugzeuge, so tief über ihn hinweg, daß er rasch im Wiesengraben in Deckung gehen mußte. Der nahe Waldenburger Bahnhof war von jetzt an fast tägliches Beschußziel. Die Tiere litten große Angst, die Pferde scheuten, und die Hühner liefen jedesmal in ihrer Verzweiflung gackernd durcheinander. Die Vögel verstummten in ihren Baumkronen.
Unser Jüngster, Hans-Ulrich, wurde verwundet und lag in Gundelsheim a. N. im Lazarett. Da das Wetter ordentlich blieb, machte ich mich Mitte März auf, ihn zu besuchen. Es war eine abenteuerliche Fahrt, denn die Flußbrücken waren nicht mehr benützbar. Alle paar Kilometer mußte man wieder ein Stück weit zu Fuß marschieren, ehe man das nächste Beförderungsmittel erreichte.
Als ich die zum Lazarett umfunktionierte Deutschordensburg in Gundelsheim betrat, half mir eine mütterliche, herzhafte Rote-Kreuzschwester beim Suchen des Zimmers.
»Wie kann man bloß ein solch herziges Büble zusammenschießen!« rief sie empört. »Haben sich denn alle Menschen in Barbaren verwandelt? Aber wir lassen das Büble nicht mehr in den Krieg. Er hat einen Gips am Fuß, den machen wir so lange nimmer wieder weg, bis der Krieg aus ist.«
Und so geschah es denn auch, bis Hans-Ulrich bei Kriegsende in Gefangenschaft geriet.

Trotz grosser Mühe (der Tiefflieger wegen) konnten unsere Felder schon im März fertig bestellt werden. Bald begannen die Saaten zu spriessen, es war ergreifend zu sehen, wie das Leben überall ans Licht drängte. Täglich zogen nun Trecks mit Geflüchteten durch den Hof, sie kamen gleichzeitig von Osten und von Westen und trafen bei uns zusammen. Die feindlichen Truppen standen jetzt schon diesseits des Rheines. Das Elend, das sich dabei vor uns auftat, war unbeschreiblich. Unser Waschkessel wurde nicht mehr kalt. Wir verbrannten altes Baumholz und kochten ständig Erbsensuppe. Hungrig, verzweifelt, übermüdet krochen die Menschen aus ihren Planwagen. Bezaubernd waren die Kleinkinder, die uns stets entgegenlächelten und nicht ahnten, in welche Welt sie hineingeboren worden waren.

Besonders deutlich erinnere ich mich noch an einen späten Märzabend. Zwei Planwagen waren angekommen, der Beschreibung nach aus Rheinbayern. Die Leute brauchten etwas Warmes zu essen, aber gerade an diesem Abend waren wirklich alle Vorräte zu Ende gegangen. Allzu viele Hungrige waren tagsüber durchgezogen, Herd und Waschkessel daher längst kalt. Ich versuchte Feuer zu machen. Milch war da. Aber alles andere war streng eingeteilt, und die eigenen Hausgenossen achteten wachsam darüber, dass man ihre Rationen nicht schmälerte.
Es kam mir der Gedanke, in der Futterküche beim Ochsenstall nach Kartoffeln zu sehen. Ich hatte Glück: Johann hatte einen frischen Dämpfer sehr unansehnlicher Kartoffeln gekocht. Aber da waren Hände genug, das Brauchbare herauszuschälen, um eine grosse Pfanne Röstkartoffeln zu machen. Gerade, als ich die Pfanne vom Herd nehmen wollte, kam von hinten eine der jungen geflüchteten Frauen und versetzte mir eine Ohrfeige, wie ich nie eine bekommen hatte.
»Ich hasse dich!« schrie sie. Nachdem ich wieder wusste, wo oben und unten war, gab ich die Röstkartoffeln wei-

ter. Ich war verunsichert. Hatte ich das nötig, mich trotz übergroßer Müdigkeit abzuplagen und dann noch geschlagen zu werden? Sobald es möglich war, ging ich zum Vater, er war noch nicht zu Bett. Aufmerksam hörte er mir zu. Ich spürte, wie auch er zunächst empört war, obwohl er kein Wort sagte. Dann aber verwandelte sich sein Gesicht, wurde hell und gütig.
»Welche Verzweiflung muß sich in diesen Menschen angestaut haben!« sagte er mit warmer Stimme. »Sie fühlen sich unschuldig von Haus und Hof verjagt. Uns aber sehen sie gesichert wohnen, auch wenn es nur scheinbar so ist. Das können sie uns nicht verzeihen. Wir müssen sehr achtsam sein, die Flüchtlinge weder durch Mitleid noch durch innere Unwilligkeit zu verletzen. Ich finde es wertvoll, daß du die Ohrfeige bekommen hast, sie macht uns wacher für die Not. Helfen wir nun also, wo wir können! Und daß es manchmal über unsere Kraft geht, liebes Kind, das gehört dazu.«
Als ich wieder an den Ecktisch in der Küche zurückkehrte, war alles ausgetrunken und leergegessen, und die Geflüchteten hatten sich bereits wieder auf den Weiterweg gemacht.

Über die letzten Kriegstage könnte jeder Deutsche einen eigenen Roman schreiben. Auch Vater hat Aufzeichnungen gemacht, von denen hier einige Sätze wiedergegeben werden sollen.

Hohebuch, Sonntag 1. April 1945
Mein Schreibtisch ist so aufgeräumt wie in meinem ganzen Leben noch nicht. Man kann jetzt ruhig alles wegräumen. Manches wird keiner Erledigung mehr bedürfen, anderes unter ganz neuen Voraussetzungen erledigt werden müssen. So sitze ich dann und wann vor meinem leeren Schreibtisch und beschließe, die Ereignisse aufzuschreiben.
Seit einigen Tagen gehen die tollsten Gerüchte um. Eine Widerstandszone soll hier geschaffen werden. Alles ist sehr auf-

geregt. Überall werden Vorbereitungen zum Weggang getroffen. Zwangsevakuierungen scheinen fest beschlossen.
Mit Charlotte habe ich mich bereits beraten, und wir waren uns einig, auf dem Platz zu bleiben, auf den wir uns von Gott gestellt glauben. Wir sterben lieber daheim als auf der Landstraße. Die Geflüchteten, die wir erleben, ermutigen uns nicht zum Weggehen.

Mittwoch, 4. April 1945

Heute waren wieder viele Menschen hier, um sich Rat zu holen. Meine Haltung beruhigt sie. Auf den Waldenburger Bahnhof finden jetzt fast täglich heftige Angriffe statt. Mehrere Menschen wurden angeschossen. Wir holten die Verwundeten in die Waschküche. Zum Glück hatten wir genügend Verbandmaterial, so daß wir gut zurecht kamen. Niemand wurde schwer verletzt.

Dienstag, 10. April 1945

In unserem »Haller Feld« werden Maschinengewehrnester eingebaut. Abends sieht man rings im Land Feuerstellen. Wir sind von feindlichen Truppen umstellt.

Freitag, 13. April 1945

Die bisher schwerste Nacht liegt hinter uns. Um halb drei Uhr heute nacht begann starker Artilleriebeschuß. Wir sind Beschußziel. Wir waren alle im Keller, 23 Kinder und Säuglinge, 46 Erwachsene.
Gleich der zweite Einschlag brachte das Licht zum Verlöschen. Nun haben wir also keinen Strom mehr. Gegen Morgen können wir nicht in die Ställe, das Schießen ist zu stark. Endlich, nach sieben Uhr, wagen wir uns aus dem Keller. Wir stellen mehrere Einschläge, Dachbeschädigungen und Splitterlöcher fest, aber die wegen Brandgefahr ins Freie gefahrenen Maschinen sind unbeschädigt. Brandgeruch erfüllt die Luft. Unser Herz ist voll Dank, daß, wenigstens bis jetzt, alles so gnädig abgelaufen ist. Heute regnet es erstmals

nach langer Zeit. Wegen des Stromausfalles muß alles Wasser von Hand gepumpt werden. Wie froh bin ich, daß ich für solch einen Fall die Pumpe schon vor längerer Zeit richten ließ. Die Amerikaner stehen nur wenige Kilometer von uns entfernt.

Am Abend wieder starker Artilleriebeschuß, diesmal auf Waldenburg. Die Granaten fliegen über uns hinweg. Je mehr es dunkelt, desto schauriger wird das Schauspiel. Die Feuergarben leuchten aus dem Städtchen. Die schöne Silhouette vom Schloß ist mit brandrotem Griffel an den schwarzen Himmel gemalt. Wird sie für alle Zeit verlöschen?

Samstag, 14. April 1945
Charlotte und ich haben uns überlegt, wo wir die Nacht verbringen. Im Keller wird es einfach zu eng, wir möchten auch niemandem den Platz wegnehmen. So entschließen wir uns fürs Nähzimmer im Erdgeschoß. Wir legen uns auf unsere Matratzen und versuchen zu ruhen; schlafen kann man des starken Beschusses wegen nicht. Gegen vier Uhr stehe ich auf. Nun hört man deutlich nahe Panzer.
Ich schreibe jetzt bei Kerzenlicht, während die pfeifenden Geschoße über den Hof hinweg nach Waldenburg treffen, gelenkt von Arifliegern, die unentwegt über der Gegend schweben.
Ich überlege mir, wie wir das Futterschneiden und das Schroten ohne Strom zuwege bringen. In Waldenburg scheint es ununterbrochen zu brennen.
Ob die Zivilbevölkerung weg ist, bringen wir nicht in Erfahrung.

Sonntag, 15. April 1945
Pausenlos seit nunmehr 24 Stunden pfeifen die Granaten über unseren Dächern. Ihr Widerhall erinnert an einen mächtigen Donnerschlag, so, als hätte man mitten in den Hofraum hineingeschossen.

Charlotte richtet das Sonntagmorgenfrühstück, das wir dennoch alle gemeinsam einzunehmen versuchen. Aber während des Frühstücks wird der Beschuß wieder so stark, daß die meisten in den Keller flüchten. Mit dem Rest lese ich vollends die Morgenandacht aus dem fünfzig Jahre alten »Wurster«. Sie lautet:
»Und ob ich schon wanderte im finsteren Tal, fürchte ich kein Unglück, denn du bist bei mir...« Die Andacht schließt mit dem Satz: »Du bist bei uns an diesem Tag, so wollen wir denn getrost mit dir ziehen.«

Kurz nach neun Uhr rennen die letzten Spähtrupps durch den Hof: »Die Panzer!« Und schon kommt von allen Seiten amerikanische Infanterie, etwa 40 Mann, ängstlich spähend, mit vorgehaltenem Gewehr. Ich grüße, sie grüßen wieder, gehen aber an mir vorüber, verteilen sich auf dem ganzen Hof, gehen in alle Zimmer. Ich muß den Tresor aufschließen. Nach einer Stunde wird Abmarsch befohlen.

Am Nachmittag
Nun sehen wir von allen Seiten Panzer gegen Waldenburg rücken. Es scheint eine schwere Schlacht zu entbrennen. Jabos greifen ein. Inzwischen sind Jeeps auf den Hof eingefahren. In einem unserer Speicher finden sie einen geeigneten Beobachtungsort. Das Schießen hält unvermindert an. Der Brand hat nun die ganze Stadt erfaßt.
Unser Mutterle hat in einem Nachruf an die Fürstin Therese davon gesprochen, wie die Fenster des Schlosses in der untergehenden Sonne weithin leuchten. Heute glühen sie zum letzten Mal, strahlender als je. Aber es ist die Glut des Kriegsbrandes. Unser Hohenloher Land verliert seine Krone; sein Wahrzeichen sinkt in Schutt und Asche.

Hier brechen die Aufzeichnungen ab. Denn jetzt findet sich keine Gelegenheit mehr zum Schreiben. Der ganze Hof wird von amerikanischen Truppen besetzt.

Mitten im großen Hofraum verbrüdern sich die Amerikaner mit den Russen und umarmen einander. Ost und West reichen sich die Hände, über uns hinweg. Der Friede ist ausgebrochen. Plötzlich erkennen wir mit großem innerem Schmerz, daß wir nun auf keinem Gebiet mehr selbst über unser Leben bestimmen können. Das werden von jetzt an andere für uns tun.

Die vor Glück außer Rand und Band geratenen, nun frei gewordenen russischen Gefangenen tanzen mit Mundharmonikas, neuen Mänteln und Kaugummi durch Hof und Garten. Leider beschenken die Amerikaner die Russen auch mit Gewehren. Aber darin kennen sie ihre neuen Freunde doch noch nicht gut genug. Wir merken, daß jetzt Hetzreden gegen uns Deutsche beginnen. Was werden sie noch alles anstellen, unsere russischen Bären?

Am nächsten Tag beginnt die Plünderung. Russen, Amerikaner und von der Umgebung herbeigekommene Polen wetteifern miteinander im Ausrauben und Plündern. Gegen Spätnachmittag wird uns eröffnet, wir hätten innerhalb einer Stunde den Hof zu verlassen. Matratzen dürften wir keine mitnehmen; wir könnten im kleinen Landarbeiterhaus, hinter dem Park, übernachten.

Ein kleiner, fideler Dolmetscher geht mit einer Peitsche umher. Und jedesmal, wenn einer von uns vorbeikommt, knallt er sie um unsere Füße. Hei, wie ist der Krieg so lustig! Endlich kann man den Deutschen eins auswischen! Vergnügt pafft er eine Zigarette nach der anderen.

Inzwischen laden wir auf drei Wagen, was nur irgend möglich ist. Während des Gehetzes muß ich eine Sekunde innehalten und aus dem Fenster schauen. Mitten im Hof sehe ich den Vater stehen. Er greift nicht ein in unser Gerenne, er bestimmt nirgends. Er ist ganz ruhig. Ich spüre, wie er die Sinnlosigkeit dieser chaotischen Stunde nicht versteht. Kann man das Werk von Jahrzehnten in kurzer Zeit bis zur Unkenntlichkeit durcheinanderbringen, einfach aus Freude am Zerstören?

Im Arm hält er das Pastellbild von Mutterle. Es ist das einzige, von dem er nicht will, daß unwürdige Hände es berühren.
Endlich schwankt der Zug mit den beladenen Wagen zum Hoftor hinaus, ins Landarbeiterhaus hinab. Von jetzt an dürfen wir den Hof nicht mehr betreten.
Aber auch mitten im Krieg gibt es Wunder: Wir werden aufgenommen, als kämen wir nach Hause. Eine Welle von Verständnis und Güte umfängt uns. Die Frauen haben bereits eine große Kanne Tee gekocht, die wenigen Tassen gehen dankbar von Mund zu Mund. Und auch das Brot reicht noch – für jeden ein Stück.

In der Nacht hören wir von Ferne das Brüllen unserer Kühe. Sie bekommen Milchfieber. Ich selbst sorge mich um meine 200 erst 24 Stunden alten Eintagsküken. Sie werden alle umkommen.
Am anderen Morgen wagt ein alter Rentner, mit der Milchkanne auf den Hof zu gehen.
»Bei mir macht's nichts mehr, wenn sie mich umbringen. Aber unsere Säuglinge brauchen Milch, das will ich den amerikanischen Herren klarmachen.«
Er kommt ohne Milch zurück, bringt aber die Erlaubnis mit, daß einige Männer die milchfiebrigen Kühe melken sollen. Auch sei kein Wasser da, ob wir den Brunnen vergiftet hätten?
Gegen Mittag erscheinen zwei amerikanische Polizisten, die den Vater verhören wollen. Sind es junge Cowboys? Der Vater meinte bisher, die Amerikaner wollten uns vom Terror des Nationalsozialismus erlösen. Aber die sorglos dreinschauenden Jungs scheinen von nichts eine Ahnung zu haben. Es kommt uns vor, als erlebten sie das Kriegsende wie ein interessantes Abenteuer.
Ich suche mein Schulenglisch zusammen und mache den Dolmetscher.
»Zuerst den Parteiausweis!«
»Ich war nicht in der Partei«, erwidert der Vater.

»Das sagen alle! Los her! Du warst ein hohes Tier bei der SS. Die Russen haben es uns gesagt.«
Gesammelt, seiner Sache gewiß, blickt der 60jährige in die jungen Gesichter:
»Ich sage die Wahrheit!«
Der Ältere beginnt zu lachen.
»Oh, ihr Parteigenossen, ihr sagt die Wahrheit! Warum macht ihr überhaupt Krieg? Deutschland ist solch ein schönes Land. Ihr seid selbst schuld, wenn wir euch erschießen.«
Da kommt mir eine Idee:
»He is a Mennonite!« sage ich.
Das Gesicht des Jüngeren verwandelt sich. Freundlich erstaunt wiederholt er:
»Oh, a Mennonite! Yes, I know. Our General Eisenhower... – er entstammt einer Mennonitenfamilie.« Er plaudert über Einzelheiten, die ich alle miteinander nicht verstehe. Aber der Bann ist gebrochen. Die Amerikaner glauben jetzt, daß der Vater kein Parteibonze war. Es kommt mir der Gedanke, meine gerettete Rotkreuzuniform anzuziehen, um auf den Hof zu gehen und zu tun, als gehöre ich zum Kriegspersonal.
Die List gelingt. Ich habe alle Angst vor den Soldaten verloren, obwohl ich ein junges Mädchen bin. Sie tun mir nichts.
Mein erster Gang ist zu meinen Küken. Ein bewaffneter Soldat sitzt vor dem Hühnerstall, läßt mich aber ein. O Wunder! Die kleinen Wesen sind heiser geschrien vor Hunger und Durst, aber sie leben noch alle! Kleine, zähe Kreaturen! Dann steige ich mit der Leiter auf den Dachboden des Hühnerhauses, um nach den brütenden Gänsen zu sehen, sie haben gestern ihren Schlupftermin gehabt. Aus dem Nest kugeln vier frischgeschlüpfte Gänschen; auch die anderen Eier sind angepickt. Ich nehme die Kleinen in meine Schürze. Junge Gänschen sind unwiderstehlich in ihrer Zutraulichkeit. Da sitzen wir zwei nebeneinander, die Gänsemutter und ich, und freuen uns des Lebens, und

ich weiß: alles wird wieder einmal nahe sein: Friede, Freude, Liebe, Leben, Licht!

Mehrere Tage später entdecken wir, daß der Hof einen Augenblick lang völlig unbesetzt ist. Nur schnell, ehe neue Einheiten kommen!
Wir tasten uns durch alle Räume. Haben hier Kannibalen gehaust? Mutters schöner Sekretär ist demoliert. In jeder Zimmerecke ist ein individuelles WC ohne Wasser aufgeschlagen. Im Wohnzimmer trete ich auf zerbrochene Schallplatten. Hier liegt ein Stück von Vaters Lieblingsplatte: *Jauchzet, frohlocket, auf, preiset die Tage!*
Ein Freudenschauer durchflutet mich, lachend öffne ich die Fenster. Was soll's? Wir leben alle, wir sind gesund geblieben, wir sind daheim! Wie viele können das nie mehr sagen!

Ist der Krieg für uns jetzt vorbei? Aber Frieden ist das, was wir jetzt erleben, noch lange nicht. Jeden Tag gilt es eine andere Angst auszuhalten, das eine Mal sind es betrunkene Russen, das andere Mal durchziehende, immer neu plündernde Truppen, dann wieder unbekannte Diebe, die Schweine und Hühner organisieren.
Obwohl wir Deutschen noch nicht auf die Straße dürfen, wagt es ein alter Landarbeiter, von Waldenburg zu uns herunterzukommen.
Zuerst finden wir alle miteinander nur Tränen.
»Was können wir euch denn Gutes tun, Wieland?« frage ich ihn.
»Gebt mir einen Stuhl, damit ich wieder einmal richtig sitzen kann. Seit Tagen liege oder stehe ich mit meinen alten Knochen auf dem Waldboden. Bei uns ist alles kaputt. Die Not ist unbeschreiblich.«
Der Vater bittet die Militärs, Getreide nach Waldenburg schicken zu dürfen. Täglich kommen jetzt heimlich Menschen, die um Brot bitten. Wir tun, was wir können. Aber auch unsere Vorräte gehen in Windeseile zu Ende. Nur

Milch haben wir mehr, als wir verbrauchen können, denn wir dürfen sie nirgends abliefern.
Ende April bekommen wir wieder Strom. Das erste, was wir durch einen kleinen, geretteten Radioempfänger hören, ist die Nachricht, daß der Münchner Sender am Mittag seinen Betrieb einstelle.
Es kommt der 1. Mai, das ist der Tag der Russen. Diese im Grunde gutmütigen Menschen sind jetzt völlig unberechenbar, sie sind ihrer Freiheit seelisch einfach nicht gewachsen. Sie haben ein Schnapslager entdeckt, nun brechen sie betrunken in unser verschlossenes Haus ein und wollen uns wieder einmal alle erstechen. Wir fliehen in die Dachkammern und versuchen, über eine Leiter ins Freie zu gelangen, um uns dort irgendwo zu verstecken.
»Chef heraus! Chef heraus!« brüllen die Russen.
Und wieder geschieht ein Wunder. Eine kleine französische Einheit trifft auf dem Hof ein. Mit wenigen energischen Befehlen sind die Russen in ihre Schranken gewiesen. Die jungen Franzosen sind von erquickend gutem Benehmen, verlangen nur wenige Räume für die Offiziere und plündern überhaupt nicht.
Am anderen Morgen richte ich dem obersten Offizier ein Frühstück in der Wohnstube. Als ich mein Schulfranzösisch zusammenkratze, erwidert er:
»Wir können deutsch reden. Meine Mutter ist Elsässerin.« Dann wendet er sich zum Fenster. Sein ganzes Wesen atmet Schwermut, als er sagt: »Ist es nicht schrecklich? Solch eine Vernichtung europäischer Kultur? Denn wenn wir uns auch Sieger nennen, getroffen sind wir alle, und gesündigt haben wir auch alle. Ist es nicht eine grauenvolle Welt, in der wir leben?«
Der Vater tritt ins Zimmer. Nachdem er bemerkt hat, daß der junge Offizier deutsch spricht, bedankt er sich in herzlichen Worten für die Bewahrung, die uns durch die kleine Truppe zuteil wurde.
»Es ist wohl so, daß wir Ihnen unser Leben verdanken.«
Der junge Mann verbeugt sich mit Anstand.

»Dann war der Tag doch wenigstens zu etwas nütze. Dieses Empfinden hatte ich in letzter Zeit sehr selten.«
Geordnet zieht die französische Einheit nach einer Stunde weiter. Plötzlich sehen wir wieder, wie schön der Frühling ist, wie herrlich Tulpen, Narzissen und Osterglocken blühen. Durch die menschliche Haltung eines jungen »Feindes« hat sich die ganze Welt für uns verwandelt und ist wieder voll Hoffnung auf bessere Zeiten.

Einige Tage später, am 7. Mai, wird in einem kleinen Schulhaus in der französischen Stadt Reims die bedingungslose Kapitulation aller deutschen Wehrmachtsteile unterzeichnet.
»Das haben wir schon einmal gehabt«, seufzt der Vater, »und es ist mir, als sei es gestern gewesen. Nun tragen unsere Gegner wiederum die Verantwortung für das Schicksal der Völker. Hoffentlich machen sie es jetzt besser als das erste Mal und lassen ihre Verantwortung von Vernunft geleitet sein.«
Am nächsten Tag hören wir über einen Londoner Sender die Rede Churchills. Sie dauert sieben Minuten. Im Hintergrund vernehmen wir das Läuten der Siegesglocken. Ihr Klang schnürt uns das Herz zusammen. Von den vier Söhnen fehlt jegliche Nachricht.
Dann öffnen wir das Fenster. Draußen ist es beachtlich warm geworden. Auf den Straßen, die nun wieder von Zivilpersonen benützt werden dürfen, schleppen sich müde meist ältere Soldaten in schlechten Kleidern der Heimat zu. Frauen und Kinder auf selbstgezimmerten Karren fragen im Vorübergehen nach etwas Brot. Das nahe Waldenburg liegt erstarrt in seinen Trümmern.
Aber zum ersten Mal hören wir kein Fliegerbrummen mehr. Ein seidenblauer Frühlingshimmel spannt sich lautlos und klar über das weite, vernichtete Land. Die lange völlig stumm gebliebenen Vögel beginnen wieder zu jubilieren. Und draußen, auf den Feldern, erhebt sich die junge, von hundert Panzern plattgewalzte grüne Saat.

Die Stunde Null

»Die ersten zwei Jahre nach dem Krieg werden bitter hart! Nach dem letzten Krieg war es genauso!«
Das hatte der Vater schon lange vorher prophezeit. Nun traf diese Voraussage ein. Wie ein Kuchen wurde Deutschland in vier Teile geschnitten, in eine englische, eine französische, eine britische und eine amerikanische Zone. Wir waren bei den Amerikanern.
Hätten die Menschen Zeit zum Nachdenken gehabt, wären manche von ihnen verzweifelt. So aber hatte jede Familie vollauf damit zu tun, Nahrung, Kleidung oder Obdach zu beschaffen und die Trümmer wegzuräumen. Für Selbstmitleid blieb keine Zeit.
In Hohebuch brachte uns der Mangel an Arbeitskräften in große Bedrängnis. Wenn ich frühmorgens bei Sonnenaufgang in den Kuhstall ging, um unserem jetzt allein dastehenden, älteren Melkermeister mit seinen vierzig Kühen zu helfen, hörte ich im gegenüberliegenden Haus die nicht mehr arbeitenden Russen randalieren. Sie hatten sich aus der Umgebung einige adrette Polinnen geholt und feierten rund um die Uhr. Sie waren freie Menschen in einem besiegten Volk, und sie ließen es uns fühlen. Gewiß, wir wollten Verständnis aufbringen, aber manchmal strapazierten sie unsere Geduld bis an die Grenze des Erträglichen. Außerdem besaßen sie Waffen und machten willkürlichen Gebrauch davon.
Da kam uns ein kurioser Umstand zu Hilfe. In einer lauen Mainacht wurde ein Stein an mein Schlafzimmerfenster geworfen.
»Charlotte, du kommen! Wir alle sterben!«
Ich wußte wohl, warum die Burschen in der Russenwohnung ihren Geist aufzugeben gedachten. Sie hatten tags zuvor in der Nähe eine größere Menge Schnaps entdeckt, in unserem Schweinestall ein gemästetes Tier stibitzt, geschlachtet und ein Fest gefeiert.
Es war riskant, ohne Waffe und als Mädchen allein in das

Russenquartier zu gehen. Ob mir mein Vater die Erlaubnis gegeben hätte, weiß ich nicht, ich habe ihn nicht gefragt. Aber ich hatte bisher ein Vertrauensverhältnis zu »meinen« Russen gehabt und manchen Kranken gepflegt, so wagte ich es. Das Bild, das sich mir bot, war zum Erbarmen komisch. Viele hatten sich erbrochen und lagen auf dem Boden. Sie klammerten sich an mich, als müsse ich sie vom Tode erretten.

So kochte ich denn zunächst auf dem glühend heißen Herd eine große Kanne Pfefferminztee. Dann öffnete ich die Fenster, um den Gestank ins Freie zu lassen. Am östlichen Horizont zeigte sich das erste Morgenrot. Kühl strich der Wind über meine von der ungewohnten Melkarbeit geschwollenen Arme. Da kam mir eine Erleuchtung:

»Ihr müßt sterben, weil ihr nicht arbeitet«, sagte ich. »Euer Körper ist es nicht gewöhnt, nur zu schlafen und zu essen. Wollt ihr nicht beim Melken, Füttern und Misten helfen? Oder auf dem Feld beim Kartoffelhacken? Dann werdet ihr wieder gesund, ich verspreche es euch!«

Daraufhin erhoben sich in der Tat sechs junge Russen. Nach zwei Stunden kehrten sie zurück. Der Pfefferminztee, die frische Luft und die Bewegung hatten ihnen gut getan. Sie aßen meine Hafersuppe mit Appetit und wurden von den anderen bewundert. Von da an entschlossen sich die übrigen, einige Stunden am Tag zu arbeiten; auch die Militärregierung gab einen entsprechenden Erlaß heraus. Der schlimmste Engpaß war überwunden. Vater lachte nachträglich herzlich über meinen Schelmenstreich.

Endlich, eines Tages, wurden die Russen mit einem großen Lastwagen abgeholt.

»Aufffwiderrrsehn!« riefen sie fröhlich zu uns herunter. Wir winkten ebenso fröhlich zurück. Warum sollten wir einander nicht in guter Erinnerung behalten?

In diesem Jahr konnten wir die Zeit der Kartoffelernte kaum erwarten, alle Vorräte waren zu Ende. Als ich mit den ersten Produkten, die ich wie eine Kostbarkeit in der Schürze trug, vom Garten ins Haus ging, bog ein junger Mann durchs Hoftor. Es war mein Bruder Hans-Ulrich, der aus der Gefangenschaft heimgekehrt war Wie glücklich waren wir! Nun war wenigstens *ein* Sohn zu Hause! Von den anderen Söhnen kam nach mehreren Wochen ebenfalls Nachricht. Rolf befand sich in jugoslawischer, Albrecht in russischer Gefangenschaft, aus der er im Herbst heimkehrte. Er trat sofort mit seiner jungen Frau eine Pfarrei im Hohenloheschen an.
Nur von Joachim fehlte jedes Lebenszeichen. Wie horchten wir in den Nächten auf jeden Schritt eines Heimkehrers! Und wie viele Väter und Mütter in Deutschland lagen damals in der Dunkelheit wach und lauschten!

Im Laufe des Sommers bekamen wir umschichtig mancherlei Hilfskräfte, denn am guten Willen fehlte es nicht. Aber die meisten Menschen waren ungeübt und wohl auch etwas geschwächt. Sie überanstrengten sich und mußten die harte ländliche Arbeit oft schon nach wenigen Tagen wieder aufgeben.
Ein junger Landwirtschaftslehrling berichtet aus dieser Zeit:

Wir fuhren Weizen ein hinter dem Hof, das Feld hatte etwas Steigung. Der Wagen war hochgeladen, meine Pferde zogen trotz Peitschenknallen und lautem Rufen nicht mehr an. Mal ging das eine, mal das andere Pferd ins Geschirr, aber sie konnten es natürlich nur zusammen leisten. Ich war verzweifelt.
Da kam Vater Hege des Weges. Trotz der Hitze korrekt mit leichtem Jakett und Krawatte. Er sah sich den Mißstand kurz an.
›Gib mir die Zügel, Theo‹, sagte er. Und ebenso ruhig sprach er mit den Pferden. Ruhig, aber sehr bestimmt.

Und siehe da – das Gespann legte sich gemeinsam ins Geschirr. Der Vater fuhr den Wagen bis zum Weg. Dann gab er mir die Zügel. Er sagte nur: ›Siehst du, Theo!‹
So war der Vater. Hier im kleinen, dort im großen. Mit ruhiger, wenn auch strenger Hand hat er alle Dinge geleitet.
Th. K.

Nachdem die letzten Getreidewagen eingefahren waren, schickte der Vater den Pferderechen nicht mehr über die Felder, damit die Scharen von Ährenlesern, die am Rande des Ackers schon warteten, noch reichlich Korn finden könnten. Um den schlimmsten Hunger im Lande mitzustillen, baute Vater alles nur Erdenkliche an: Erbsen, Kartoffeln, Möhren und anderes Gemüse. Aber manche Menschen waren schwierig. Das waren die Fordernden, die riefen: »Du hast! Du mußt geben!« Sie riefen es auch dann noch, wenn wir selbst nicht mehr wußten, wie wir zurecht kommen sollten. Es gab Bescheidene, die nie zum Zug kamen und auf die man sehr acht haben mußte. Es gab Rücksichtslose, die nur an sich selbst dachten und denen die Not des Nächsten gleichgültig war. Es gab stolze Menschen, die lieber zugrunde gingen, ehe sie eine Bitte über die Lippen brachten; auch ihnen mußte man beistehen und sich etwas Hilfreiches ausdenken. Es gab Selbstlose, die ihren eigenen Kummer über dem Leid der Mitmenschen vergaßen. Da waren knechtische, heuchlerische und schmeichlerische Gesinnungen. Da waren Verzweifelte, die kaum mehr die Kraft aufbrachten, ihre Sorgen zu zeigen. Und da waren die Dankbaren. Sie waren wohl die am glücklichsten Veranlagten. Besonders gerne erinnere ich mich an eine reizende verwitwete junge Mutter mit sechs Kindern, die aus dem Ostsektor hatte fliehen müssen. Sie bedankte sich in solch warmer Herzlichkeit beim Vater, daß er damit selbst beschenkt wurde.
»Danken Sie nicht mir«, erwiderte er, »sondern danken Sie Gott, dessen Handlanger ich in dieser Zeit wenigstens ein Stück weit sein darf.«

Die blicklose, anonyme Wohltätigkeit lag dem Vater nicht. Er wollte sich Gedanken machen über die Art, den Sinn und den Umfang der einzelnen Hilfestellung. Ich weiß, daß er in jenen Monaten keinen Abend einschlief, ehe er nicht dieses viele Elend vor Gott gebracht und um die rechte Einsicht gebeten hatte.

War Vaters Schreibtisch wirklich noch vor wenigen Monaten leer gewesen? Jetzt türmte er sich von Tag zu Tag höher. Fast alle leitenden Männer waren durch die nationalsozialistische Parteizugehörigkeit mattgesetzt. Mit jeder Post kamen Gesuche um Entnazifizierungszeugnisse, Bitten um Nahrungsmittel, Anfragen wegen seiner Mitarbeit in Ortsgemeinde, Kreis und Land.

Mir wurde, als Gegner des Nationalsozialismus, viel an öffentlicher Arbeit zugemutet, so daß es fast nicht zu bewältigen war. Aber die wenigen, die noch da waren, mußten am Neuaufbau mithelfen, wenn Land und Volk nicht vollends ganz zugrunde gehen wollten.

(Aus einem Brief)

Was tut man angesichts übervieler Aufgaben?
»Man nimmt diejenige in Angriff, die einem vor den Füßen liegt«, sagte sich Hans Hege.
Am nötigsten erschien ihm der Wiederaufbau seiner Heimatgemeinde Waldenburg. Nachdem man den früheren Bürgermeister abgesetzt hatte, war er von der Militärregierung zum stellvertretenden Bürgermeister ernannt worden. So sah er sich etwas hilflos der übergroßen Bedrängnis des zerstörten Bergstädtchens gegenüber.
Zunächst mußten Lebensmittel und Baracken beschafft werden. Danach holte der Vater Pläne zum Wiederaufbau ein.
»Die Bauernhöfe sollten wir außerhalb des Stadtkernes legen«, schlug er vor. Die kleine Bergzunge ist für moderne bäuerliche Betriebe zu eng.«

Er stieß auf erheblichen Widerstand, ehe er sich durchsetzen konnte. Auch die Militärregierung warf Bremsklötze in den Weg. Später hat er nicht gerne von dieser Zeit erzählt. Aber inzwischen sieht man längst überall im Land ausgesiedelte Höfe. Der damals neuartige, fast abwegige Gedanke wurde von den Fachkundigen rasch erfaßt und aufgegriffen. Viele Bauern verdanken der Aussiedlung ihre Existenzmöglichkeit.

Gerade als dem Vater die Arbeit über dem Kopf zusammenzuschlagen drohte, erhielt er eines Tages entscheidenden Beistand. Ein frischwangiger junger Mann – ich sehe ihn noch vor mir – klopfte an die Tür seines Büros: Der Landrat schicke ihn her. Er sei Wehrmachtsoffizier gewesen, im Augenblick ohne Beruf und Verdienst. Der Landrat habe gemeint, Herr Hege wisse ihm eine Aufgabe.

Aufmerksam sah der Vater in das sehr junge, aber ganz offene Gesicht. Hier schienen Energie, Mut, Zähigkeit und der Wille, trotz der schwierigen Situation etwas Rechtes zu leisten, zu einer harmonischen Einheit zusammenzufinden.

»Das Wichtigste ist immer der Mensch selbst!« sagte sich der Vater. Ein rechter Mensch wird wohl auch einmal ein rechter Bürgermeister, selbst wenn er nur ein »Ungelernter« ist. Hans Hege erfaßte das Risiko genau. Er besann sich lange. Aber dann wagte er es.

»Würde Ihnen der Wiederaufbau von Waldenburg Freude machen? Zugleich sollte dabei das Historische bewahrt werden, die Geschichte der Stadt, ihr einmaliger Charakter. Könnten Sie sich die Bewältigung dieser Aufgabe vorstellen? Und trauen Sie sich so etwas zu?«

Franz Gehweiler packte den Wiederaufbau an. Er zog mit seiner jungen Familie in eine Baracke. Schon nach kurzer Zeit erkannten die Verantwortlichen, daß man mit dem jungen Bürgermeister einen Glücksgriff getan hatte. Vertrauensvoll holte er sich bei dem Älteren, Erfahreneren auf dem Hof Rat. Als der Winter kam und der Sturm durch die dünnen Barackenwände pfiff, erhielt er Vaters

sämtliche entbehrliche Strohballen für sich und seine Einwohner; diese schützten und wärmten zugleich.
»Was wäre geschehen, wenn ich ihn damals fortgeschickt hätte?« fragte sich der Vater später immer wieder.
Beide Männer blieben lebenslang miteinander verbunden. Und als nach fünfzehn Jahren der inzwischen berühmt gewordene Bürgermeister dem Älteren das Ehrenbürgerrecht der wieder aufgebauten Stadt Waldenburg verleihen konnte, da war es wie das abschließende, von Dankbarkeit geprägte Siegel unter viel gemeinsamer Verantwortung und Sorge.
Überall im Land begannen nun bisher zurückgehaltene geistige Kräfte zu erwachen. Es war, wie wenn nach starrem Winter sich reicher Frühling regt. Der Wunsch nach Lebensorientierung brach sich so elementar Bahn, daß diese Zeit, bei härtester äußerer Bedrängnis, eine wahrhaft große Zeit war.

Im Herbst 1945 erhielt der Vater eine Einladung besonderer Art. Sie kam aus dem ehemaligen Kriegslazarett Bad Boll, dem Kurhaus des einst berühmten Pfarrers Christoph Blumhardt. In dem leer gewordenen Haus hatte der Pfarrer Dr. Eberhard Müller eine Evangelische Akademie eingerichtet, die am Michaelistag 1945 ihre Pforten öffnete.
Wie viele alte und junge Menschen fanden dort in tiefer Begegnung zueinander! Ohne die Anstöße, die Hans Hege von der Akademie empfing, wäre sein weiteres Leben wohl kaum in derselben Weise verlaufen.
Gleich bei der ersten Bauerntagung sagte der bedeutende Professor Karl Heim, daß nur »vom christlichen Glauben her die Orientierung zu finden sei, die wir für den Neubau unseres rechtlichen und wirtschaftlichen Lebens brauchen.«

Der Vater hatte auf jener Tagung ein Referat zu halten: »Sorge und Vorsorge«. Er hatte sich redlich mit der Ausarbeitung geplagt, aber auch die Darbietung fiel ihm nicht leicht. Da tröstete ihn der Schwabendichter August Lämmle, der immer besonders gerne bei den Tagungen der Landleute war, und sagte:

»Ach was, Herr Hege! Was mr aus em Ärmel schüttelt, kommt vom Elleboge und net vom Herze – und geht au net zu Herze! Bei Ihne kriegt mr Brot zum Lebe! Des wächst net wie Unkraut drher!«

Wenige Monate später, zu Beginn des Jahres 1946, bekam der Vater wiederum eine interessante Einladung. Es war die Berufung zur »vorläufigen Volksvertretung für Württemberg-Baden«. Diese Aufforderung durfte man nicht ablehnen.

Mit Herzklopfen fuhren wir zur Eröffnungssitzung nach Stuttgart. Uns war bange vor der geliebten und nun zerstörten Stadt. Aber welch prachtvolle Gestalten lösten sich aus den Schatten der Ruinen und scharten sich zur neuen »Regierung« zusammen! Die meisten begrüßten einander als alte Bekannte, die im Dritten Reich in eine Art Verbannung geraten waren. Nicht weit von uns saß Theodor Heuss, den der Vater noch von Heilbronn her kannte. So abgemagert wie damals habe ich ihn später nie mehr gesehen. Welch eine Begeisterung lag über den meist ergrauten Häuptern! Jünglinge in weißen Haaren, die nun tapfer die neue Arbeit auf sich nahmen! Endlich durfte man wieder offen reden und handeln!

Zügig wurden die neuen Ministerien gegründet; die Belange der Landwirtschaft wurden dem Wirtschaftsministerium zugeordnet.

Es war während der Sitzung im März 1946, als, unerwartet, der Landwirt Hans Hege ums Wort bat. Man gewährte ihm zehn Minuten. Es wurde ganz still, als der schmale, zarte Mann das Podium betrat. Man spürte, daß er kein Berufsredner war. Wenn er sich zu Wort meldete, dann mußte er Gründe haben. Hans Hege begann:

Wir halten es nicht für richtig, daß die Landwirtschaft in das Wirtschaftsministerium eingegliedert werden soll... Es ist geltend gemacht worden, daß die Zahl der Ministerien schon sehr hoch sei. Das läßt sich nicht bestreiten. Aber ich sehe darin eine Unterschätzung der Landwirtschaft. Die Landarbeit ist der Mehrheit unseres Volkes fremd geworden. Und weil man diese Arbeit einfache, schlichte Menschen tun sieht, die in dieser Arbeit eben auch etwas schwerfällig geworden sind, verleitet das offenbar zur Verkennung dessen, was ein Bauer alles können und wissen muß, um einen Hof umzutreiben. Denn die Landwirtschaft ist ein Handwerk, das generationenlange Erfahrung und sehr viel Lehrzeit erfordert.
Der Landwirtschaft fehlt allerdings die imponierende Fassade, an die der heutige Mensch gewöhnt ist. Wenn man aber hinter dem bescheidenen Gewand die wirkliche *Bedeutung eines Standes sucht, so ergibt sich für die Landwirtschaft ein* völlig anderes Bild...
Bei der Schaffung eines Landwirtschaftsministeriums handelt es sich nicht um eine Ehrensache. Es geht dabei um Auswirkungen, die wir nicht leicht nehmen dürfen. Die jetzige Regelung wirft unser Land um Jahrzehnte zurück. Das können wir nicht geschehen lassen, ohne die Verpflichtung zu fühlen, diese Gefahr abzuwenden.
Aus dieser Verantwortung heraus bitten wir die Regierung, der Landwirtschaft durch ein eigenes Ministerium die Arbeitsgrundlage zu geben, die sie zur Erfüllung ihrer Aufgaben braucht.

Protokoll, März 1946

Vor Beginn der nächsten Sitzung streckte der weißhaarige Präsident Keil dem Vater beide Hände entgegen:
»Ich gratuliere! Sie bekommen Ihr Ministerium!«
Es war vorauszusehen, daß bald darauf einige führende Landwirte den Vater baten, das Ministerium zu übernehmen. Es sollte wegbereitend werden für ein größeres Ministerium, das einmal auf der Ebene der »Länderstaaten«, wie man damals sagte, geschaffen werden sollte.

»In solch ein Amt müßte man über eine Partei einsteigen«, erwiderte der Vater. »Ich bin aber kein Politiker, ich bin Landwirt.«
»Sie brauchen keiner Partei beizutreten«, versicherte man ihm. »Sie können gerade dieses Amt, das vornehmlich Sachfragen behandelt, gut als Parteiloser übernehmen. Wir wissen niemand, der so viel landwirtschaftliche Erfahrung und Übersicht über die einzelnen Sparten hat wie Sie.«
Er schüttelte dennoch verneinend den Kopf.
»Auch als Parteiloser befindet man sich eines Tages inmitten von Zwängen. Ich weiß das von meinem Vater, dem es genauso erging.«
»Wir haben heute eine andere Zeit als damals.«
»Richtig. Aber ich bin gesundheitlich nicht robust genug für solch ein Amt. Es gibt viel Ärger dabei, und ich bin nicht der Typ, der solchen Ärger hinunterschluckt und dabei noch gut verdaut.«
»Sie würden sich auch in den Ärger einarbeiten. Ihre ruhige, besonnene Art, die um Ausgleich bemüht ist, würde im übrigen erst gar nicht so viel Ärger aufkommen lassen.«
Der Vater richtete sich auf.
»Ich will mich nicht um eine Verantwortung drücken, die gefordert ist. Und man kann in solch einem Amt viel Gutes tun. Aber dennoch meine ich, ein jüngerer robusterer Mann wäre da besser am Platz, zum Beispiel mein Freund Heinrich Stooß. Ich selbst möchte meinen Bauern als einer der Ihrigen zur Seite bleiben. Auch auf stillen Dörfern und abgelegenen Höfen gibt es vornehme, große Menschen, die man entdecken sollte. Ihnen möchte ich helfen.«

An jenem Abend stand er lange vor dem einzigen Bild, das in seinem Schlafzimmer hing. Es stellt die biblische Geschichte von den anvertrauten Pfunden dar: vorne steht der Herr seinen Mitarbeitern gegenüber und verlangt Re-

chenschaft. Hinten schleicht, mit schlecht gepflegtem Haar und aufsässigem Gesichtsausdruck der unzuverlässige, träge Diener herzu. Dieses Bild hat den Vater zeitlebens begleitet. Er spürte dahinter die Mahnung:
»Wer im Geringsten treu ist, der ist auch im Großen treu. Und wer im Geringsten untreu ist, der ist auch im Großen untreu.«
Um diese Treue im Kleinen mit den ihm anvertrauten Gaben und Aufgaben hat er ein Leben lang gerungen. Und keine noch so hohe Ehre dieser Welt durfte ihm dabei die Handlungsfreiheit seiner inneren Stimme nehmen.

Durch Höhen und Tiefen

Auch ohne Ministersessel war Hans Hege künftig nicht gerade von Langeweile geplagt. Die Landwirte versuchten sich in Interessengemeinschaften und Genossenschaftsverbänden neu zu ordnen. Viele Bauern, durch den Zusammenbruch der Ideologie des Dritten Reiches völlig verwirrt, nahmen eine stumpfe »Ohne-mich«-Haltung ein. Das brachte den Verantwortungsbewußten umso mehr Arbeit. Im Rückblick frage ich mich oft, wie Vater den Anforderungen eigentlich gerecht werden konnte. Man sah ihn nämlich keineswegs nervös oder hastig.
»Er ist nie geschäftig, aber immer bei der Arbeit«, bemerkte einmal ein Verwandter.
Es ist hier unnötig, die zahlreichen Ämter und Vorsitze aufzuzählen, die er zu bekleiden hatte. Es wäre auch gar nicht in seinem Sinn.
Eine Sekretärin aus Frankfurt, mit der Arbeit der Deutschen Pflanzenzüchterverbände betraut, stellt in einem Brief an Hans Hege einmal solch einen Vorsitz dar:

Ich war noch nicht lange in meinem Beruf. Die Materie war mir fremd. Angesichts des sehr verschiedenartig zusammengesetzten Kreises überfiel mich eine beklemmende Furcht: Werde ich die mir gestellte Aufgabe überhaupt schaffen können?
Sie, lieber Herr Hege, übernahmen den Vorsitz. Es zog eine wundersame Atmosphäre der sachlichen Klarheit und Wahrheit ein. Das Ziel der Arbeit zeichnete sich ab, dem die Teilnehmer sich gerne unterordneten. Und über allem herrschte eine warme Menschlichkeit, die Vertrauen schuf und die zugleich Ansporn war, das Beste, was man vermochte, zu leisten.

T. v. K.

»Der Mensch wächst mit seinen Aufgaben.«
Dieses Wort, das der Vater im Blick auf die jungen Leute im Betrieb oft gebrauchte, bewahrheitete sich nun auch bei ihm selbst. Immer besser lernte er es, treffsicher das Wesentliche einer Sache zu erkennen. An Nebensächlichkeiten blieb er nicht hängen. Auch besaß er in hohem Maße die Gabe der Konzentration.
»Wie schaffen Sie das nur alles?« fragte ihn einmal ein Mitarbeiter.
»Das Entscheidende ist wohl«, meinte er lächelnd, »daß einem zur rechten Zeit immer gleich das Richtige einfällt!«
Trotz allem hielt er sich aber auch jetzt die Sonntage von Arbeit frei. Nur selten blieb er sonntags ein paar Stunden am Schreibtisch, wenn es halt gar nicht mehr anders ging. Ein einziges Mal hörte ich ihn dabei seufzen:
»Es wäre gut, wenn der Rolf jetzt da wär!«
Er war kein gesetzlicher Mensch. Aber in der Sonntagsheiligung schien ihm eine tiefe innere Ordnung für den Menschen angelegt; er wollte sie nicht ohne Not verletzen. Er gebrauchte gerne den alten Bauernspruch: »Das Wetzen hält den Mäher nicht auf.«
Am Sonntag holte er sich Kraft für seine Werktage. Er

war ein Mensch, der Maß halten konnte, auch den Pflichten gegenüber.
Daß er sich nicht von seiner Arbeit auffressen ließ, auch innerlich nicht, wurde mir an einem Herbstabend klar. Wir saßen gemütlich im Wohnzimmer beisammen. Der große Ofen wurde bereits geheizt, und die Holzscheite, die wir aus alten Bäumen gehauen hatten, knackten gemütlich. Wir waren endlich wieder »unter uns«, ein Zustand, an den wir uns erst gewöhnen mußten.
Vater legte Hermann Hesses soeben erschienenes »Glasperlenspiel« aus der Hand, sah erwartungsvoll zu mir herüber und begann:
»Die Orgelfirma W. in Ludwigsburg stellt eine Serie Hausorgeln her, weil der Bau von Kirchenorgeln aus Materialmangel zur Zeit nicht möglich ist. Meinst du, ich dürfte mir eine solche Hausorgel leisten? Es ist ein Lebenstraum von mir, aber ich dachte, er ließe sich nie erfüllen.«
Er sah aus wie ein Bub an Advent.
»Schauen wir uns die Orgeln doch einfach einmal an!« schlug ich vor.
Wir fuhren nach Ludwigsburg, wo uns der alte Herr W. in seinem Büro erwartete. Es war, als begegneten sich zwei längst bekannte Freunde, obwohl die beiden einander noch nie gesehen hatten. Vater interessierte sich brennend für die technischen Fragen des Orgelbaus. Die beiden Herren vergaßen Raum und Zeit, so hingegeben beschäftigten sie sich mit ihren Instrumenten.
Der Vater bekam seine Hausorgel. Es war ein glücklicher Tag für ihn, als sie eingebaut wurde. Von da an verging kaum ein Abend in seinem Leben, an welchem er nicht seinen Gute-Nacht-Choral spielte. Als fast 65jähriger lernte er noch flink die Pedale gebrauchen, und er holte sich nach strapaziösen Sitzungstagen immer wieder seine seelische Ausgeglichenheit durch das Orgelspiel. Er erinnerte mich dabei manchmal an den um zehn Jahre älteren Urwalddoktor Albert Schweitzer, dessen Leben er von

Jugend an aufmerksam und engagiert verfolgt hatte, dessen Bücher er alle kannte und oft zitierte. An musikalischem und technischem Können war ihm der berühmte Arzt haushoch überlegen, aber in der Liebe zur Musik, vor allem zur Bachmusik, mag ihm sein jüngerer, weniger bekannter Zeitgenosse kaum nachgestanden sein.

Im Sommer 1946 hatte der Vater sich einer Bruchoperation zu unterziehen. Sie wurde im Diakoniekrankenhaus Schwäbisch Hall durchgeführt. Er gehörte dem dortigen Verwaltungsrat an, und so fühlte er sich rasch heimisch in seinem Krankenzimmer.
Er war schon wieder auf dem Weg der Besserung, als mitten in der Nacht eine freudig erregte Schwester an sein Bett trat.
»Ich *mußte* Sie einfach wecken, Herr Hege! Ihr Sohn Albrecht und seine Frau haben es erlaubt: Soeben ist unten in der Wöchnerinnenstation Ihr erster Enkel angekommen! Alles ging gut. Er soll Ihren Namen tragen.«
Sie schob ein winziges Bündel ans Bett, darin lag der kleine Mann, fest schlafend. Der große Hans strich dem kleinen Hans zart übers Köpfchen. So war also aus dem Vater der Großvater geworden. Mit der Geburt des kleinen Hans begann ein neuer Abschnitt in seinem Leben.
Im Lauf der nächsten fünfzehn Jahre sollten ihm zwölf Enkel geboren werden. Er hat später oft gesagt, der Stand des Großvaters sei der schönste Stand auf der Welt und es sei weise, daß das Beste im Leben erst so spät komme, man könne es dann viel tiefer genießen. Und dabei brach aus seinen Augen ein ungewohntes Leuchten.

So hielten sich Freuden und Schmerzen die Waage, denn auch der nächste Winter ging vorüber, ohne daß Rolf und Joachim heimkehrten. Von Joachim kam überhaupt keine Nachricht, von Rolf kam sie in großen Abständen.
An einem milden Maitag des Jahres 1947 endlich eilte der Vater zu mir in den Garten, wo wir gerade beim Setzen

der Tomaten waren. Er hielt ein vergilbtes Feldpostschreiben in der Hand:
»Ein ausführlicher Brief von Rolf, gottlob!« rief er schon von weitem. »Die Post ist nun seit März unterwegs. Er hat die Ruhr gehabt, aber er hat sie überstanden, seine Freunde haben ihn liebevoll gepflegt. Er hat sein Entlassungsgesuch mehrmals eingereicht und meint, jetzt sei es genehmigt worden. Vielleicht ist er an Pfingsten schon daheim!«
»Ich bin ein bißchen mißtrauisch, ob die Entlassung unter Titos Herrschaft so flott geht«, erwiderte ich.
Aber Vater fuhr unverdrossen fort:
»Sobald Rolf da ist, kann Hans-Ulrich in Ruhe seine landwirtschaftliche Ausbildung beginnen. Einstweilen freuen wir uns auf sein Kommen.«

Wenige Tage in meinem Leben haben sich mir so eingeprägt wie das Pfingstfest 1947. Es war ein unbeschreiblich schöner Tag. Die Wiesen blühten, die Felder standen in vollem Wachstum, die Wälder in frischem Grün.
Wir hatten an jenem Tag Besuch: Die Schwester von Rolfs Freund im Lager Zagreb war gekommen. Sie sollte Grüße von den beiden Kameraden bringen.
Die junge Frau wirkte seltsam bedrückt.
»Wie schön das hier alles ist!« sagte sie, als wir durch den Blumengarten gingen. Dann begann sie unvermittelt:
»Ihrem Bruder Rolf geht es nicht besonders gut.«
Ich zerstreute ihre Bedenken.
»Er hat so zuversichtlich geschrieben. Er wird bald kommen.«
An diesem Tag erlebte ich, was Verdrängung ist. Immer wieder lenkte ich ab, und immer wieder versuchte sich die Frau verständlich zu machen. Es gelang ihr nicht. Als ich sie am Abend zur Bahn gebracht hatte, rief sie mir noch aus dem fahrenden Zug freundlich zu:
»Ich schreibe Ihnen bald! Ich kann jetzt nicht alles sagen!«
Beim Heimweg vom Bahnhof endlich fiel es mir wie

Schuppen von den Augen: Die Schwester von Rolfs Freund hatte uns gar nichts anderes ausrichten wollen, als daß unser Rolf nicht mehr am Leben sei. Sie hatte es aber nicht über ihre Lippen gebracht.

Meine Knie begannen zu zittern, ich wagte das Haus nicht zu betreten. Ich bog ab und setzte mich in den Garten auf eine Bank. Der Flieder duftete betäubend. Aus den geöffneten, hell erleuchteten Wohnzimmerfenstern klang Vaters Orgelspiel durch die Bäume: *Jauchz Erd', und Himmel juble hell...*

Endlich ging ich ins Haus, verabschiedete mich rasch vom Vater, zog mich in mein Zimmer zurück und verbrachte eine schlaflose Nacht.

Nach wenigen Tagen traf die Nachricht bei mir ein. Rolfs Freund hatte den Seinigen über den tragischen Hergang berichtet. Rolf als Offizier hatte einem Kameraden helfen wollen, sich schützend vor ihn gestellt und war dabei von einem ungeduldigen Wachmann erschossen worden. Als wir es erfuhren, war er schon viele Wochen tot.

Der Vater hielt sich auswärts auf, aber Albrecht und seine Frau kamen sofort, nachdem ich sie verständigt hatte.

Wie sollten wir dem Vater diese Nachricht mitteilen? Ach, warum war das Leben so schwer!

Wir beschlossen, ihm am Abend nichts mehr zu sagen, er sollte wenigstens noch eine Nacht schlafen dürfen.

Am nächsten Morgen, noch ehe er sein Schlafzimmer verlassen hatte, spielte ich einen Sterbechoral auf der Orgel. Wir mußten dann gar nicht mehr viel sagen, er verstand sofort alles.

Rolf war in seinem 31jährigen Leben zehn gefährliche Jahre bei den Soldaten gewesen, und es war ihm nicht das geringste passiert, er war nicht einmal verwundet worden. Warum jetzt? Und warum auf solche Weise?

Eine offizielle Nachricht haben wir nie bekommen.

Auch Rolfs Freunde starben noch in Gefangenschaft an Entkräftung.

Vater schrieb an Rolfs Patentante:

Liebe Maria!
Wir haben eine schmerzliche Nachricht erhalten. Unser lieber Rolf ist am 3. April im Lager Zagreb umgebracht worden. Seine Freunde haben uns die Nachricht übermittelt. Wir sind unsagbar traurig. Wir haben mit der Heimkehr gerechnet und nicht mit dieser Nachricht.
Wir wollen unseren Schmerz vor Gott bringen und ihn um seine Hilfe bitten. Wir wissen nicht, warum er diesen Weg mit uns geht und wie uns dieses Leid zum Besten dienen soll.
Nun bleibt uns nur noch die große Sorge um unseren Joachim, die täglich größer wird. Gott möge ihn behüten und ihn gesund an Leib und Seele nach Hause führen.

(Aus einem Brief)

Daß Gott den jungen Joachim nach Hause geführt hat, dürfen wir im Glauben annehmen. Seine irdische Heimat hat er nicht wieder gesehen. Wir warteten viele Jahre auf ihn. Eine Vermißtenmeldung haben wir nie erhalten.
Nur wer selbst einen Vermißten betrauert, weiß um die notvollen Stunden und um das Fragen, das nie zur Ruhe kommt.
Gott wird eine unverlierbare Heimat schaffen für alle, die auf dieser Erde verlorengegangen sind. Wir wollen vertrauen, daß er erfüllt, was er verheißen hat: daß er alle Tränen von unseren Augen abwischen wird, auch die Tränen der Schuld und der Reue über viel versäumte Liebe.

In der Mitte des Jahrhunderts

Es klopfte an die Bürotür. Der Verwalter suchte den Vater, der hinter seinem überquellend vollen Schreibtisch saß.
»Herr Hege, der Gaul mit der Anämie, von dem wir heute morgen gesprochen haben, sollte seinen Gnadenschuß haben, er ist nicht mehr zu retten.«
Der Vater erhob sich. »Ich komme.«

Er nahm sein vor der Plünderung gerettetes gutes Gewehr und ging in den Stall.

Ja, das arme Tier plagte sich. Ein noch junger Trakehner, der zusammen mit seinem geflüchteten Herrn aus Ostpreußens Birkenwäldern bis nach Süddeutschland gekommen war.

Vater legte an, zielte und schoß. Er traf sofort ins Herz. Das Tier sprang fast bis zur Decke und brach dann in seiner Bucht zusammen.

Aber auch den Vater hatte dieser Schuß irgendwie getroffen. Plötzlich fühlte er sein Herz ins Jagen kommen, immer heftiger, immer schneller. Kaum vermochte er noch den ihm lange erscheinenden Weg über den Hof zu gehen, um mich zu rufen.

Unser Hausarzt erschien so schnell wie möglich. Dennoch dünkte uns die Zeit bis zu seinem Eintreffen endlos. Das Herz jagte so sehr, daß ich kaum den Pulsschlag zählen konnte. Auch eine Einspritzung brachte die Schlagfolge nicht ins Gleichgewicht. Erst am nächsten Morgen besserte sie sich.

Nun war es also doch zuviel geworden für das feinfühlige, geplagte Menschenherz, das so viel Trauerarbeit zu leisten hatte. Eine einzige Erregung hatte den Damm tapfer zurückgehaltener Flut gebrochen. Jetzt war eine Erschöpfung eingetreten.

Der 63jährige hatte sich in langsamer Erkenntnis damit abzufinden, daß diese Herzstörungen von nun an sein Leben begleiten sollten. Sie traten willkürlich auf, oft mitten in der Nacht, aber auch viele Male am Tag. Er übte sich, die häufigen Anfälle durch das Abdrücken der Halsschlagader zu stoppen. So lernte er es, damit zu leben.

Während sich draußen im Land die Währungsreform abwickelte (Sommer 1948), mußte er im Bett bleiben. Aber mir ist die gelassene Zuversicht, die er dabei trotz allem ausstrahlte, noch ganz gegenwärtig.

»Die Währungsreform ist eine vollkommen andere Sache

als damals die Inflation«, sagte er. »Der eigentliche Wert des Geldes heißt Arbeit. Unser deutsches Volk besitzt viele fleißige Menschen, unsere Umgesiedelten sind bescheiden und an körperliche Arbeit gewöhnt – wir werden den Aufbau schaffen.«
Im Anschluß an das Krankenlager riet der Arzt zu einem Erholungsurlaub im Herzbad Nauheim. Aber schon wenige Tage nach Vaters Ankunft in einem dortigen Sanatorium rief mich die besorgte Ärztin an:
»Ihr Vater hat in den kurzen Tagen seines Hierseins schon über drei Kilo abgenommen. Dabei hat er Untergewicht und keine Reserven. Kommen Sie doch bitte!«
»Es ist der erste Erholungsurlaub seines Lebens, Müßiggang ist ihm ungewohnt. Ich komme sofort!«
Dennoch setzte ich mich bedrückten Herzens in den Zug. Es war für den Vater noch eine weitere Sorge dazugekommen, die mit meiner Person zusammenhing. Ich hatte mich mit dem Pfarrer Helmut Hofmann aus Bonfeld bei Heilbronn verlobt, der endlich, nach langjähriger französischer Kriegsgefangenschaft, heimgekehrt war. Und da Vater und ich uns in den vergangenen Jahren vorzüglich aufeinander eingespielt hatten, bangte er um das äußere und innere Hergeben, obwohl er sich mit mir freute und genau wußte, daß der Abschied vom Elternhaus früher oder später kommen würde.
Auf der langen, einsamen Fahrt nach Bad Nauheim wurde mir jedoch klar (und ich wußte mich darin mit meinem Verlobten einig), daß wir erst heiraten würden, wenn der Vater wieder ganz hergestellt wäre.
Strahlend vor Freude empfing mich mein »Kurgast« in Bad Nauheim am Bahnhof. Er war sehr zart geworden. Aber am Abend aß er mit gutem Appetit und erholte sich von jetzt an sichtbar. Auf unseren Spaziergängen durch den Taunus besprach er seine Pläne mit mir. Sie hingen vor allem mit der gewaltigen Brauereiruine zusammen.
»Was machen wir nur mit all dem Riesenschutt?« seufzte er.

»Jetzt, kurz nach der Währungsreform, möchte die Feuerversicherung mit der Abrechnung klar kommen. Sollen wir Wohnungen bauen? Es wäre im Augenblick nicht falsch, aber was wird später damit in dieser einsamen Gegend? Eine Fabrik? Ein industrielles Unternehmen? Eine Forschungsstätte? Oder hat ein Altersheim hier einen Sinn?«
Das eigentliche Problem, das ihn dabei umtrieb, lag tiefer. Auf einer Bauerntagung in Bad Boll im vergangenen Winter war vor allem die innere Notsituation des bäuerlichen Menschen in der Nachkriegszeit deutlich zum Ausdruck gekommen. Wie ein Notschrei klang die Resolution, welche die Bauern und Bäuerinnen an die Männer der Kirche, des Staates, der Wirtschaft und der Militärregierung gerichtet hatten:

Wir wollen Bauern bleiben, macht uns doch nicht zu Schiebern! Sollen wir denn als Bauern zugrunde gehen oder als Christen kapitulieren? In dieser furchtbaren Not fordern wir Hilfe!

(Evang. Akad. Bad Boll 1946)

In Zusammenarbeit mit weitschauenden Männern, die die Wichtigkeit des bäuerlichen Menschen für das Volksganze erkannten, wurde daraufhin das Evangelische Bauernwerk gegründet. In einer seiner Satzungen heißt es:
»Es ist nicht die Aufgabe des Evangelischen Bauernwerkes, dem Bauern zur Hilfe zu kommen, sondern dem *Menschen* im Bauern!«
»Die wichtigste Aufgabe – das ist immer der Mensch selbst. Glaubens-, Lebens- und Fachfragen sind so dicht ineinander verwoben, daß man sie nicht auseinandernehmen kann«, sagte Hans Hege.
Besonders die Jugend war durch die Weltanschauung des Dritten Reiches in eine innere Krise geraten. Im Bauernland Hohenlohe fehlte jedoch eine Stätte der Schulung und der Begegnung.

Bei dem Entschluß, eine ländliche Heimvolkshochschule zu bauen, dachte der Vater vor allem auch an seine eigene Jugend. Wie mühsam und unsicher war der einsame Weg des Lernens gewesen! Diese Nöte durften nun fruchtbar werden. Zunächst sollten die jungen Bauernsöhne und -töchter in sechswöchentlichen Winterkursen eine ihnen hilfreiche, geistige und menschliche Weiterbildung erfahren.

Natürlich war die Idee der ländlichen Heimvolkshochschulen nicht neu. Der Begründer aller Volkshochschularbeit, der dänische Pfarrer Nicolai Grundtvig, hatte schon vor hundert Jahren eine bis zum heutigen Tag segensreiche Wirkung in dem damals rein bäuerlichen Dänemark entfaltet. Auch in Deutschland hatten sich schon vor dem Krieg einige Leute erfolgreich für die Bildung der ländlichen Jugend eingesetzt, in Württemberg etwa der fröhliche Dekan Gerhardt und sein Freund, Pfarrer Planck, oder die Landwirte Schäffer und Franck. Sie machten dem Vater Mut. Vor allem aber war es der Schorndorfer Bauer August Schaal, der ihn in seinen Gedanken unterstützte.

Denn der Unterstützung bedurfte er tatsächlich. Vom Plan bis zur Fertigstellung sollte noch manches mühsame Jahr vergehen.

»Kann ein privater Bauherr sich solchen Idealismus leisten?« Das wurde er oft, etwas spöttisch, gefragt.

Und er erwiderte:

»Wenn ich mir die Frage *so* stelle, natürlich nicht. Aber ich stelle sie mir nicht so. Ich sehe, daß die Dörfer im Bildungsgefälle unseres Volkes zurückbleiben. Das darf nicht sein. Ich hätte ein bedrücktes Gewissen, wenn ich nicht alles versuchen würde, unserem Volk den bäuerlichen Menschen, der im Schatten der Industrie steht, so lange wie möglich zu erhalten.«

Es war ein ungeheures Wagnis. Es war ein Opfer an Zeit, Kraft und Geld. Würde es sich lohnen?

»Es scheint, daß bequeme Wege mir nirgends gestattet

sind«, sagte er einmal zu August Schaal, dem Vorsitzenden des evangelischen Bauernwerkes. Und dieser erwiderte:
»Lieber einmal zu den Dummen gehören, mit denen man die Welt umtreibt!«
Jedes Wagnis schließt die Gefahr des Scheiterns mit ein. Aber auch die Chance des Gewinnens. Als der Bau sich auf den vorhandenen dicken Grundmauern erhob, erkannte man bald, daß ein überraschend schönes und in seinen Proportionen sehr harmonisches Gebäude entstehen würde. Die Arbeit machte dem Vater mehr und mehr Freude.
»Auch wenn ich nicht weiß, wie alles wird – so hat sich doch die häßliche Ruine zu einem herrlichen Haus gemausert«, sagte er, als wir das Richtfest vorbereiteten.
Das Tischgebet beim Richtfest formulierte und sprach er selbst:

Wenn Du das Haus nicht baust, o Herr
umsonst all unsere Arbeit wär.
Drum bitten wir Dich allermeist,
daß Du doch unser Bauherr seist!

Wer heute, von Neuenstein kommend, in Richtung Kupferzell an der ländlichen Heimvolkshochschule vorbeifährt, ahnt nicht mehr, wieviel persönlicher Einsatz, wieviel Mut, wie viele bange Sorgen und schlaflose Nächte von seinem Gründer in die Mauern hineingebaut wurden.

Der Zusammenbruch des Jahres 1945 ist der Anfang einer Neubesinnung. Obwohl es bei oberflächlicher Betrachtung anders erscheinen mag, so ist doch deutlich, daß es dabei um die Besinnung auf christliche Lebensgrundlagen geht. Wir haben allen Anlaß, dieser Neubesinnung einen Weg zu bahnen, wenn wir einen inneren Erdrutsch verhindern wollen...
Es ist das Kennzeichen unserer Zeit, daß wir weithin aus der Substanz leben. (Wirtschaftlich von Kohle, Öl, Holz, Ak-

kerboden usw., menschlich aus der kulturellen, sittlichen und religiösen Substanz.) Das Beängstigende ist das Tempo, mit dem wir diese Substanz aufbrauchen.
Die »Bauernschule« möchte dieser Entwicklung entgegentreten und aufbauende Kräfte wecken. Die Schüler sollen in den kurzen Wochen ihres Kurses nicht satt werden, sie sollen die Schule, innerlich hungrig, verlassen. Je größer dieser Hunger geworden ist, umso sicherer werden sie weiter suchen und den Fragen nachgehen.
Solche Schulen sind Saatfelder, nicht Erntefelder. Zur Ernte reifen können diese Saaten, genau wie unsere Felder draußen, nur unter dem Segen Gottes.

(Aus einer Rede, 1953)

Da der Vater sich weiterhin recht gut erholte, setzten mein Verlobter und ich unsere Hochzeit auf Mai 1949 fest.
»Wenn ein Kind fort geht, muß in solch einem großen Betrieb ein anderes dafür kommen!« sagte der Vater. »Meine beiden Landwirtsöhne sind nicht mehr heimgekehrt, der Jüngste braucht noch eine jahrelange Ausbildung und eine Art Hausfrau sollten wir doch auch haben.«
Er bat den damaligen Oberkirchenrat Martin Haug um Rat und Hilfe. Nach mancherlei Überlegungen wurde unserem Bruder Albrecht gestattet, nach Hohebuch zu ziehen und zusammen mit seiner jungen Familie dem Vater beizustehen. Drei entzückende kleine Enkelkinder zogen mit ein, das war ihm eine besondere Freude.

Und endlich durfte der alte Hof und sein schöner Park nach einer Reihe von ernsten und schweren Jahren erstmals ein zwar schlichtes, aber rundum gelungenes Hochzeitsfest mit vielen frohen Menschen erleben.
Nach der Trauung in Waldenburg gingen mein junger Ehemann und ich noch zu Mutterles Grab, um dort einen Vergißmeinnichtkranz niederzulegen. Bei der Rückfahrt fielen mir die immer noch zahlreichen Trümmer in Wal-

denburg auf. Ich spürte wieder einmal, wie schon oft in meinem Leben, die Gleichzeitigkeit aller Dinge: Hier Menschen in Not, dort Menschen im Glück – zur selben Stunde. Und dies wird bleiben, solange die Erde steht. Das soll uns zur Zeit der dunklen Stunden ein Trost und zur Zeit der hellen, frohen Tage eine Mahnung werden.
Das Frühlingswetter tat uns den Gefallen, gut zu sein, denn alle im Betrieb feierten mit, und die große, lebendige Hochzeitsgesellschaft hätte nirgends sonst Platz gefunden als auf dem weiten Rasenplatz im Park. Der Vater war fröhlich mit uns.
»Es soll Ihrer aller Freude nur die Grenze gezogen sein, die sich aus der Einstellung unseres Hauses ergibt«, sagte er bei seiner Ansprache.
Nach dem Kaffee wurde gesungen und gespielt, es wurden Theateraufführungen und Gedichte vorgetragen, und bis in die späte Nacht hinein ertönten in Hof und Garten das fröhliche Jauchzen der Kinder und das Lachen der vielen jungen und alten Gäste.
Einige Wochen später fuhr ich mit meinem Möbelwagen aus dem Haus. Vor meiner Abfahrt mußte ich den Vater lange suchen. Er war sehr beschäftigt. Daß er sich und mir dadurch eine Hilfestellung geben wollte, spürte ich erst, als er sich sehr knapp verabschiedete. Ungewollt stiegen ihm die Tränen hoch. Er hatte seine einzige Tochter herzugeben.
Bei der Hochzeit hatte er ganz eigene Worte über das Wesen des Abschieds gefunden:

Zu jeder Hochzeit stellt sich ein Gast ein, den man nicht gebeten hat. Es ist nicht gut, wenn er fehlt, und es ist auch nicht ratsam, ihn auszuladen oder über ihn hinwegzusehen. Man muß sich ernsthaft mit ihm auseinandersetzen und ihm klar gegenüber stehen, Junge und Alte. Das ist der Abschied *vom Elternhaus.*
Ein solcher Abschied ist eine schmerzliche Sache. Und doch ist es eine Gnade, wenn es so sein darf. Es wäre viel schwerer,

wenn man an solch einem Tag keine Heimat hätte, von der man Abschied nimmt. Und über dem Schmerz soll vor allem die Dankbarkeit stehen für das, was Elternhaus und Heimat gegeben haben. Und wenn es viel gewesen ist, was losgelassen werden muß, soll die Dankbarkeit umso größer sein.

(Aus der Hochzeitsrede)

Wie aber würde sich Deutschlands Zukunft weiterhin gestalten? Diese Frage beschäftigte den Vater unablässig. Schließlich, im September 1949, wurde die Bundesrepublik gegründet, Theodor Heuss war ihr erster Präsident. West und Ost blieben, so unfaßlich das damals war, voneinander getrennt. Manchmal dachte Hans mit Sehnsucht an die Jahre seiner Jugend, in denen das Deutsche Reich so selbstverständlich gesichert seinen Platz in der Welt hatte. An Neujahr 1950 meinte er:
»Das habe ich mir in der Neujahrsnacht 1900 schon ausgemalt, wie das wohl in der Jahrhundertmitte sein würde. Ich dachte mich im Geiste als alten Mann mit einem weißen Vollbart, ich war Unternehmer oder Erfinder aller möglichen und unmöglichen Maschinen, vielleicht sogar des perpetuum mobile. Ach, was denkt sich solch ein junger Bub alles über seine Zukunft zusammen! Es sind schwergewichtige Jahre geworden.«

Mit Rücksicht auf Vaters etwas angegriffenen Gesundheitszustand wurde beschlossen, den 65. Geburtstag in kleinem Kreis zu feiern. Unsere Hauswirtschaftslehrlinge durften an diesem Tag erstmals wieder ein richtiges Festessen zubereiten, feierlich decken und vorschriftsmäßig servieren lernen. Blühende Hyazinthen standen an allen Fenstern.
Kurzfristig hatte sich der damals allseits beliebte und auch bedeutende Hohenheimer Professor Adolf Münzinger auf den Vormittag zur Gratulation angesagt. Wir kannten und schätzten ihn, er war ein begabter Gesellschafter.
Diesmal jedoch gab sich der alte Herr sehr feierlich. Als

der Vater eintrat, erhob er sich, entnahm seiner Mappe eine mit Kunstschrift gefertigte Papierrolle, entfaltete sie unter gewichtigem Räuspern und begann:

»Lieber Herr Hege! Die Landwirtschaftliche Hochschule Hohenheim beehrt sich, auf Grund einstimmigen Senatsbeschlusses, Ihnen als dem hervorragenden praktischen Landwirt, dem erfolgreichen Pflanzen- und Tierzüchter, dem verdienstvollen Organisator und Vorsitzenden zahlreicher landwirtschaftlicher Verbände in Anerkennung Ihrer aufopferungsvollen Arbeit um die Deutsche Landwirtschaft –« hier hielt der Professor inne, genoß sichtlich die Spannung, die er erzeugt hatte, hob dann seine Stimme und verneigte sich dabei: »die Würde eines Doktors der Landwirtschaft honoris causa zu verleihen.«

Seine Absicht, uns zu überraschen, am allermeisten den Vater, war sichtlich gelungen. Doch man sah dem frischgebackenen Doktor an, daß er sich freute. Manchem jungen Diplomlandwirt hatte er Hilfe und Material für seine Promotionsarbeit gegeben – nun bekam er gleichsam einen Teil dieser Mühe zurück.

Ich war des Professors Tischdame.

»Bekommt man denn den Ehrendoktor auch schon vor dem 70. Lebensjahr?« fragte ich.

»Nein, im allgemeinen nicht«, erwiderte der alte Herr. »Aber wissen wir denn, ob Herr Hege bei seinem Gesundheitszustand überhaupt 70 wird? Und ehren wollten wir ihn auf alle Fälle, der tüchtige Mann hat es wahrhaftig verdient. Donnerwetter, was haben Sie da für einen guten Tropfen. Stettener Brotwasser? Fein, fein! Zum Wohl, Herr Doktor Hege!«

Am Abend stand der Vater noch lange vor Mutterles Bild.

»Ach, wie hätte sie sich mit mir gefreut! Und sie hätte dafür gesorgt, daß die Ehrung meinem Charakter nicht schadet!«

In diesem Augenblick ging die Tür auf, und die ganze Hausgemeinschaft trat lachend über die Schwelle. Alle miteinander wollten dem Vater gratulieren:

So wünschen wir Glück nun im Doktorsleben,
Gelingen im Schaffen und Wirken und Streben.
Wir halten's vor Freud' ja schier nimmer aus
wir Leut vom Büro, von Stall, Küch' und Haus
und grüßen mit fröhlichem Heissa – juchhe
heut unsern Herrn Hege,
jetzt Dr. h. c.

Wir stießen miteinander an, es war nun doch eine große Runde. Während wir schwatzten, lachten und sangen, saß er still auf seinem Platz in der Ecke und schaute uns lächelnd zu.
»Bist du müde, Papa?« fragte ich ihn nach einer Weile.
»Nun ja! – es geht!« gab er liebenswürdig zurück. »Aber wir wollen alle miteinander nicht vergessen, daß ich jetzt ins Ruhestandsalter eingetreten bin.«
Er ahnte ja noch nicht, daß seine größte öffentliche Aufgabe erst auf ihn zukommen sollte.

Neue Aufgaben

Es war ein heißer Kampf, der kurz nach der Währungsreform am Wormser Vorstandstisch zwischen den Rübenbauern und den verantwortlichen Herren der Zuckerindustrie ausgefochten wurde.
»Unsere Hausfrauen stehen immer noch nach Zucker Schlange!« riefen die Rübenbauern. »Wir können doch nicht dauernd von Carepaketen leben! Kaum die Hälfte unseres Zuckerbedarfs ist durch Eigenanbau gedeckt. Warum? Weil die großen Rübenanbaugebiete durch den Ostsektor von uns abgetrennt sind. Wir könnten auch Rüben anbauen. Durch den Wegfall der Futterflächen für die nicht mehr nötigen Zugtiere ist Ackerland frei geworden. Mit dem Anbau von Zuckerrüben ließen sich viele bäuerlichen Familienbetriebe retten. Aber wir haben kei-

ne Fabriken, die unsere Rüben aufbereiten! Wir brauchen Zuckerfabriken!«

»Wir können jetzt keine Fabriken bauen«, entgegneten die Herren von der Monopolgesellschaft der Zuckerfabriken. »Das sind Projekte von jeweils vielen Millionen, und wir sind bettelarm. Wie stellt ihr euch das vor – woher sollen wir jetzt, kurz nach dem Zusammenbruch, solche Summen herbekommen?«

Aufgeregt, ein wenig ratlos, gingen die Rübenbauern auseinander. Wenigstens *einen* Beschluß hatten sie gefaßt: sie würden den Landwirt Hans Hege zu ihrem Vorsitzenden wählen.

In dieser mühseligen Zeit beriefen die Berufskollegen Hans Hege an die Spitze der württembergischen Rübenbauern. Sie ahnten kaum, welch zielstrebiger Persönlichkeit sie das Steuerruder anvertraut hatten.
(Aus einer Festschrift)

Schon auf der abenddunklen Heimfahrt nach der ersten Tagung bewegten den neuen Vorsitzenden einige geradezu umwälzende Gedanken. Zuckerfabriken waren eine unumstößliche Notwendigkeit. Wie? Sollte man nicht *gemeinsam* bauen, und zwar so, daß das Hauptkapital, die Verantwortung und damit das entscheidende Mitspracherecht von den Bauern selbst aufgebracht werden könnte? Damit würden aus abhängigen Lieferanten, die alle Bedingungen mehr oder weniger schlucken mußten, mitbestimmende Partner. Vielen kleineren Betrieben könnte durch diese Verflechtung von Landwirtschaft und Industrie Hof und Heimat erhalten bleiben. Die Bauern müßten nicht mehr in die Städte abwandern und eine bei fortschreitender Industrialisierung drohende Arbeitslosigkeit vergrößern. Zunächst war Hans Hege selbst verwundert über seine Idee. Er war durchaus kein schwärmerisches Gemüt und wußte, daß nüchtern geplant und realistisch gerechnet werden mußte. Dennoch kam er nicht davon los.

Von den anderen Beteiligten wurden seine Gedanken zuerst nur mit Vorbehalt aufgenommen. Solche »Bauernversuche« zwischen Industrie und Landwirtschaft waren schon in früheren Jahren gestartet worden, aber immer waren sie fehlgeschlagen. Und daß man so viele süddeutsche Bauerndickschädel und Individualisten unter einen Hut brächte, schien undenkbar. Jedoch nur ein zahlenmäßig starker Verband konnte ausreichende Mittel aufbringen.
»Wer manchmal nicht das Unmögliche wagt, wird das Mögliche nie erreichen.«
Wiederum war es kein bequemer Weg, den Hans Hege im Geist vor sich sah.
Zunächst mußte ein genossenschaftlicher Verband gegründet werden, der alle süddeutschen Rübenbauern an dieser gemeinsamen Unternehmung beteiligte. Fast jeden Tag war der Vater nun unterwegs, um landauf, landab die Bauern für einen Zusammenschluß zu gewinnen. Es war eine unsägliche Mühe und bedurfte seiner und seiner ausgezeichneten Mitarbeiter ganze Überzeugungskraft. Denn diese hatten inzwischen die Chance der großartigen Idee erfaßt und setzten sich selbstlos für die gute Sache ein. Das bäuerliche Mißtrauen jedoch war groß. Die Wogen der Ablehnung gingen hoch. Die Bayern wollten keinen württembergischen Vorsitzenden. Die Badener und die Württemberger sahen nicht ein, warum sie für eine bayerische Fabrik (die am nötigsten war) Mittel aufbringen sollten. Die Pfälzer wollten ihre eigene zerbombte Fabrik aufbauen, und die Hessen riefen: »Wem's zu wohl wird, baut eine Zuckerfabrik!« Hans Hege ließ sich nicht beirren. Er sagte mit der ihm eigenen Überzeugungskraft:

Was riskiert ihr Bauern, wenn ihr bei diesem Vorhaben mitmacht? Ihr riskiert jeder so viel, wie ein Kalb wert ist. Und ein Kalb ist jedem von euch schon einmal verlorengegangen. Hier aber ist eine vielversprechende Idee – der gemeinsam geäußerte Wille aller Bauern!

(Aus einer Rede)

»Ich glaube Ihnen Ihre Ausführungen ja nur, weil Sie selbst praktischer Landwirt sind«, sagte ein Unterländer zum Vater. »Den Herren vom Schreibtisch würde ich kein Wort abnehmen«.

Und siehe da – bereits im November 1950 startete »Die süddeutsche Zuckerrübenverwertungsgesellschaft« mit 67000 Mitgliedern. Diese wurden aufgefordert, von ihrem »Rübengeld« drei Jahre lang etwa 20 Pfennig pro Doppelzentner zur Verfügung zu stellen. Auf diese Weise haben sie über 20 Millionen zusammengebracht. (Nach heutigem Währungsverständnis wäre es weit mehr.)
Nun aber tauchte die Frage auf: Würde es überhaupt möglich sein, nach einem Abstand von rund vierzig Jahren den Neubau einer modernen Zuckerfabrik in der Nachkriegszeit auch technisch zu bewältigen? So sehr viel Zeit durfte man nämlich nicht mehr verlieren. Würden sich die richtigen Mitarbeiter finden?
Sie fanden sich. Zwei Heimatvertriebene, Dr. Josef Holik und Dr. Ernst Lange, schienen eigens für diese Aufgabe prädestiniert. Zusammen mit einem hervorragenden Aufsichtsrat (auch hier wären viele bedeutende Namen zu nennen) packte man die Aufgabe an.
»Es war ein geradezu missionarischer Auftrag, den der Verband fühlte.«
Jetzt mußte noch ein Standort gesucht werden. Denn eine Anlage in solchem Umfang brauchte ein ausgedehntes Gelände und die Nähe eines genügend großen Flusses für die Rübenwäsche.
Das mittelalterliche Städtchen Ochsenfurt, an der Südspitze des Maindreiecks gelegen, bot einen günstigen Bauplatz an. Und an der dafür vorgesehenen Stelle störte ein Fabrikneubau die alten Türme und Mauern mit der Kirche und dem kostbaren Schnitzaltar von Tilman Riemenschneider überhaupt nicht.
Schon im Mai 1951 legte man feierlich den Grundstein zur bisher modernsten Zuckerfabrik Europas. Eine kunstvoll

gestaltete Gründungsurkunde wurde in den Stein eingemauert. Hans Hege sagte zu den Bauern:

Vergessen Sie nicht, daß Sie es aus eigener Kraft nie hätten schaffen können. Sie erleben hier die Mithilfe der Industrie. Und Ihre Berufsgenossen aus ganz Süddeutschland haben sich vereinigt, um dieses Werk möglich zu machen. Es ist dabei etwas entscheidend Wichtiges geschehen. Weil wir zusammenhielten, sind wir Bauern aus unserer Unsichtbarkeit herausgetreten. Wir sind nun nicht mehr nur Lieferanten. Wir sind hier als solche, die das Werk mitbauen und mitverwalten.

(Aus einer Ansprache)

Es muß freilich hinzugefügt werden, daß nicht alles so einfach und so schnell ging, wie es jetzt auf dem Papier steht.

Es war ein aufreibender und dornenreicher Weg. Die Folgen der Koreakrise waren noch nicht ausgestanden. Es gab kein Eisen, es gab keinen Stahl. Wir mußten betteln. Wir mußten Preiszugeständnisse machen. Im Mai 1952 wurde die erste Säule des Stahlbaues hochgezogen. Im November 1952 wanderte bereits die erste Rübe aus den Schwemmkanälen zur Wäsche.
Darauf sind wir sehr stolz.

(Dr. Josef Holik)

Es mag für die fränkischen Bauern ein banger und zugleich erhebender Tag gewesen sein, als sie erstmals mit ihren Traktoren und ihren neu angebauten Zuckerrüben auf den Anhängern in »ihrer« Fabrik einfuhren. Würde dieses Riesending auch funktionieren? Natürlich hatten sie sich zuvor alles genau angesehen. Ein richtiger Bauer kauft die Katze nicht im Sack. Wie staunten sie jetzt über die Leistungsfähigkeit der neuen Anlage!
»›Fabrik‹ ist eigentlich ein falscher Name«, stellte ein

Bauer fest. »Es wird ja nichts fabriziert, sondern lediglich der Natursaft unserer Rüben haltbar verarbeitet.«
Immer wieder wurde der Vater in Hohebuch angerufen:
»Das *müssen* Sie sich ansehen!«
Wenn er morgens von einem Ochsenfurter Wagen abgeholt wurde – er fuhr mit bald 70 Jahren solch weite Strecken nicht selbst – riefen wir ihm lachend nach:
»Er zählt die Häupter seiner Rüben!«

Die eigentliche Einweihung der Fabrik erfolgte erst im Sommer 1953. Man hatte damit gezögert, weil man zunächst die Entwicklung abwarten wollte.
Nun wurde es ein erfolgreicher Tag für die ganze Umgebung und vor allem für Hans Hege. Von weither, sogar von Frankreich und Holland, fuhren die Fachleute an den frischgrünen Zuckerrübenfeldern des lieblichen Maintales vorbei. Sie wollten aus diesem Vorbild lernen.
»Vor Ihnen steht ein Werk, das die Bewunderung aller auf sich zieht, in seiner Anlage und technischen Einrichtung genauso wie durch die Leistung zehntausender Rübenanbauer und ihrer Genossenschaften«, hieß es im Festbericht.
Aus einer kühnen Idee war nun ein hoffnungsvolles Werk entstanden, das auch weiterhin neue Impulse setzte.
Leider konnte ich den Vater nicht zur Einweihung begleiten, da ich kleine Kinder zu versorgen hatte. Aber wir alle warteten am Abend gespannt auf seine Heimkehr und seinen Bericht.
Als er eintrat, wischte er sich den Schweiß von der Stirn.
»Zunächst hat alles vorzüglich geklappt«, erzählte er.
»Aus dem ganzen Frankenland waren die Bauern zusammengeströmt. Der Staatsminister und der Staatssekretär waren gekommen und gratulierten uns. Auch der evangelische Dekan und der katholische Bischof, beide aus Würzburg, sollten ein Gruß- und Segenswort sagen.«
Der Vater setzte sich und fuhr fort:

»Aber die Schwierigkeit kam von einer ganz anderen Seite, als wir vermuteten.«
»Der Bischof saß nicht weit von mir, ein Rhönbauernsohn, sehr jung und ein wenig distanziert, aber von einer ungemein klaren und willensstarken Ausstrahlung. Ich freute mich an ihm. Plötzlich trat aufgeregt unser Geschäftsführer auf mich zu. Der redliche, gute Katholik war verzweifelt: der Bischof habe ihm erklärt, wo der evangelische Dekan reden wolle, habe er nichts zu suchen. Er wolle weg. Und das ausgerechnet im Würzburger Land, wo sowieso auch heute noch übergenug kirchliches Konkurrenzdenken herrsche! Ich erschrak. Was war zu tun? Wir wollten den Frieden wahren. Protestanten brauchen nicht immer zu protestieren, dachte ich. Wir können sehr wohl als Christen auch einmal auf unser Recht verzichten.
›Lassen wir dem Bischof den Vortritt‹, schlug ich vor. Der Bischof weihte nun also unsere Fabrik im protestantischen Frankenland. Dann fuhr er sofort ab. Der Vorgang hat mich tief bekümmert. Wir haben ein Werk eingeweiht, das die Einmütigkeit aller Bauern bekundete, wir wollten auf weitere Einigkeit der europäischen Menschen hinarbeiten, und mußten dabei erleben, daß die Zerrissenheit unter den Christen schlimmer ist denn je. Es war ein Schatten über dem schönen Tag. Ich glaube, der Bischof war selbst nicht recht glücklich über sein Vorgehen. Fehler darf der Mensch machen, zumal, wenn er noch jung ist. Aber irgendwann muß er diese Fehler einsehen, damit sie ihm und anderen zum Besten dienen können.«

Und so geschah es denn auch. Der jugendliche Bischof, damals jüngster Bischof Europas, rückte bald an eine hohe Stelle auf und wurde als Julius Kardinal Döpfner weltweit bekannt. Er hat sich später ganz besonders um ökumenische Zusammenarbeit bemüht. Ob in Ochsenfurt der Keim dazu gelegt wurde?

Sich dieses dunklen Augenblicks in Ochsenfurt zu erinnern, ist nicht ungehörig, weil nur dieser Anfang ermessen läßt, wie weit der Weg gewesen ist, auf dem dieser Bischof zum gesuchtesten Partner der Protestanten wurde.

(Ev. Pressedienst 1976)

Hans Hege hat noch vor dem frühen Tod des Kardinals erfahren, dieser habe geäußert, »Ochsenfurt« würde er nicht mehr so machen. Das war dem Vater eine große Erleichterung. Vielleicht würden die Konfessionen doch einmal zueinander finden. Daß ein Papst in einer protestantischen Kirche einen Weihnachtsgottesdienst hielt, hat er leider nicht mehr erlebt.

Die Zuckerfabrik im Frankenland blühte. Ihr Erfolg zog den Bau weiterer Zuckerfabriken nach sich, zunächst in Zeil am Main und dann in ganz Süddeutschland. Eine Wende war eingeleitet. Und Hans Heges Lieblingsgedanke hatte sich auf eine geradezu ideale Weise verwirklicht: Industrie und Landwirtschaft arbeiteten einander als gleichberechtigte Partner in die Hände.

Es wäre ganz unrealistisch, wir Bauern würden die Industrie nicht wünschen. Reichtum, Wohlstand und Bequemlichkeit des Lebens sind Ergebnisse der Industrie. Daß wir jetzt in Deutschland so gut leben können, verdanken wir der Industrie. Das ist eine Wahrheit, die sich nicht bestreiten läßt.
Aber es ist nur die halbe Wahrheit. Der Landwirtschaft verdanken wir, daß wir überhaupt leben können. Sie stellt die Lebensmittel her, nicht Dinge, die schön und bequem sind, sondern etwas, von dem man herunterbeißen kann. Das kann man nämlich von all den schönen und bequemen Dingen nicht.
Und darum ist ein Industriestaat bei allem Reichtum nicht lebensfähig ohne Landwirtschaft. Über diese Wahrheit müssen wir uns mit der Industrie an einen Tisch setzen und diskutieren. Das bedeutet aber nicht, daß sich die Landwirtschaft

industrialisieren und sozialisieren soll. Das ist im Osten geschehen, mit dem Ergebnis, daß wir dort Mangel haben. Die Industrie ist bei uns nach Art und Umfang an eine Grenze gelangt, wenn unser Volk physisch und seelisch gesund bleiben soll. Vielleicht hat sie diese Grenze schon überschritten. In dieser Situation ist das bäuerliche Dorf mit Erhaltung der Landwirtschaft eine Kostbarkeit, die nie wieder aufgebaut werden kann, wenn sie verloren ist. Wer sie zerstört, macht sich schuldig.

(Aus einer Einweihungsrede)

Die letzte Zuckerfabrik wurde 1971 von der »Südzucker« bei Bad Wimpfen gebaut. Der »Zuckerkönig«, wie der Vater bisweilen genannt wurde, war inzwischen längst ausgeschieden. Aber als die Fabrik ihre erste Kampagne eröffnete, wollte er doch gerne daran teilhaben.

Wir machten also mit dem 86jährigen einen Spaziergang durch das mittelalterliche Bergstädtchen Bad Wimpfen und schauten von der Höhe aus auf die weite Neckarebene hinab, wo die hohen Schornsteine rauchten.

»Seht nur, wie die alten und die neuen Türme einander grüßen!« sagte der Vater. Nach einer Pause fuhr er fort: »Ich bin froh, daß alles bis jetzt so gut ging und daß der Gemeinschaftssinn der Menschen wenigstens an dieser Stelle gewachsen ist. So wollen wir eben hoffen, daß er weitere Wurzeln schlägt und die Guten nicht müde werden. Denn nur so können die Menschen in Europa und auch in der Welt draußen noch überleben.«

Drunten zog der alte Neckar seine Bahn. Dreieinhalb Jahrhunderte zuvor hatte hier die schwere Schlacht des Dreißigjährigen Krieges stattgefunden, und er hatte den Unrat des Kriegsgetümmels mitzuschleppen gehabt. Hochwasser hatte er hier erlebt, wer weiß wie oft! Schiffe und Kähne hatte er getragen. Und nun hatte er vor allem die Abwässer der württembergischen Industrie in sich aufzunehmen.

»Macht es nicht zu arg damit, ihr Menschen«, schien er zu flüstern.

Im Glanz der Abendsonne verschwand er hinter dem Wimpfener Bergrücken und floß gemächlich an den Neckarburgen vorbei, dem Rheintal zu, wie schon seit vielen tausend Jahren.

Saat fürs Leben

Inzwischen war im unwirtlichen Brauereigelände in Hohebuch der Aufbau des »Landheimes«, wie wir es im Familienkreis nannten, Stück für Stück vorwärtsgegangen. In den wenigen Mußestunden plante, zeichnete und gestaltete der Vater seine Vorstellungen im Blick auf das neue Haus und seine Umgebung. Von den Gartensträuchern bis zur Haustür und den Vorhängen bestimmte oder besprach er jede Einzelheit.

»An dir ist halt doch ein Architekt verlorengegangen«, sagten wir lachend zu ihm, und er widersprach nicht.

Auf Januar 1951 wurde, zusammen mit der Einführung des ersten Bauernschulkurses, die Einweihung festgesetzt. Wie üblich mußte bis zur letzten Stunde gehämmert, gestrichen und geputzt werden. Die aufgewischten Steinstufen waren noch kaum trocken, als die ersten Gäste einfuhren.

Aber dann war es doch ein feierlicher Augenblick, als wir die breite Freitreppe hinaufstiegen und durch die weite eichene Tür in das große, schöne Haus eintraten. War hier nicht vor kurzem noch alles voll Schutt, Asche und Brennesseln gewesen?

Eine junge, tatkräftige Hauswirtschaftsleiterin hatte ihr Möglichstes getan, um auch bei bescheidenen Mitteln das Haus festlich zu gestalten. Die Räume wirkten zwar noch etwas baufeucht und die Brillengläser der Festredner drohten zu beschlagen. Dennoch wohnte bereits ein ganz eigener Geist in den wohlgestalteten Räumen, ein Geist, der von der Person des Gründers geprägt war.

»Hier ist gut sein!« sagten die jungen Bauernschüler.
Der Vater erzählt im Rückblick:

Wie nötig brauchten es die jungen Menschen, daß man sich um sie kümmerte! War es nicht Pflicht der Älteren, hier zu helfen?
Beim Bauen des Hauses ging mir freilich manchmal das biblische Gleichnis durch den Kopf: »*Wer ist unter euch, der einen Turm bauen will und überschlägt nicht zuvor die Kosten?*«
Manchmal huschte mir der Gedanke durch den Sinn: Was hast du dir da aufgeladen?
Ich habe auch die Tränen unserer jungen Hausmutter noch nicht vergessen, als wir das erste Jahresergebnis miteinander betrachteten. Vor mir stand das Schlußwort des biblischen Gleichnisses:
»*Alle, die es sehen, fangen an, sein zu spotten, und sagen: dieser Mensch hub an, ein Haus zu bauen und kann's nicht hinausführen!*«
Aber es ging mir dann, wie es mir im Leben nicht nur einmal erging: Was ich mit viel Überlegung und vermeintlich kluger Berechnung plante, führte nicht immer zum Erfolg. Was in Einfalt begonnen wurde, hatte oft ein seltsames Gelingen.

(Aus einer Rede)

Ja, eine gewisse Unkenntnis der Schwierigkeiten hat das Unternehmen wohl mehr gefördert, als Erfahrung und Berechnung es je hätten zuwege bringen können. Der Vater hätte den Bau sonst gar nicht in Angriff zu nehmen gewagt. Es war zudem äußerst schwierig, die richtigen Führungskräfte zu finden. Sie sollten am besten Theologen und Landwirte zugleich sein, sie brauchten ein gewisses Talent im Umgang mit jungen Menschen, auch musische Gaben waren erwünscht. Das war viel verlangt.
Unser Bruder Albrecht übernahm bald, zusammen mit einem musikalischen Landwirtschaftslehrer, Dieter Druschel, die Leitung der Kurse. Die Arbeit machte den beiden Männern große Freude. Es war eine sehr anstrengen-

de und überaus intensive, aber unendlich dankbare Aufgabe, den zu Hause oft schon hart eingespannten Burschen und Mädchen eine Art Lebenspause zu verschaffen, in der, wie Vater sagte, »ihre Seelen nachkommen« könnten.

Führende Männer aus Politik, Wissenschaft und Kirche stellten sich gerne zur Verfügung, mit den jungen Menschen zu lernen, ihre Fragen zu beantworten oder ihnen die nötige Sachkenntnis zu vermitteln. Die manchmal recht unsicheren Mädchen und Männer wurden von Woche zu Woche aufgeschlossener, offener und gewandter. Die Frage nach dem Lebensunterhalt wurde zur Frage nach dem Lebensinhalt, und über den Sachfragen des alltäglichen Lebens stellte sich ernst und ehrlich die Frage nach Gott.

Der Vater beteiligte sich immer irgendwie an jedem Kurs. Er ist vielen ein richtungsweisender, älterer Freund geworden.

»Wir bewunderten ihn, wie er, auch in höchsten Jahren, an allem Anteil nahm, was sich im Leben tut«, sagte einmal eine Jungbäuerin.

Die Mitarbeiterin Annemarie Griesinger (sie wurde später Minister für Arbeit und Soziales), sprach für viele, als sie sagte:

»Er hat uns, die wir später in politische Verantwortung gerufen wurden, unwahrscheinliche Lebenshilfe mit auf den Weg gegeben.«

Ich weiß aber auch noch den Tag, an dem der Vater, nach mehrjährigem Rechnen, Planen, Mitsorgen und Nachdenken ganz tapfer sagte:

»Ich kann die Sache mit dem ›Landheim‹ nicht mehr schaffen!«

Die Arbeit hatte sich erweitert, das Sommerhalbjahr mußte ebenfalls ausgenützt werden, damit die finanziellen Verluste nicht zu groß würden. Der Sohn Albrecht hatte inzwischen die Prälatur Heilbronn übertragen bekommen; er und seine Familie fehlten spürbar. So übernahm

die Evangelische Landeskirche von Württemberg verantwortlich die Leitung.
Vater Hege sagte dazu:

> *Bei allem Optimismus und Idealismus mußte ich einsehen, daß es nicht Sache eines im Geschäftslebens stehenden Mannes sein kann, eine solche Schule geistig und wirtschaftlich zu tragen. Dennoch blieb die Zielsetzung der Gründung: Das Alte sollte bewahrt werden, mit Ehrfurcht gegenüber denen, die es geschaffen hatten. Dem Neuen wollten wir vorurteilslos aufgeschlossen begegnen, jedoch dabei immer prüfen, ob das Neue nicht nur anders, sondern auch wirklich besser sei.*
>
> *Das letzte Ziel der Bauernschularbeit ist die Bildung von christlich geprägten, verantwortungsbewußten Persönlichkeiten als Mitarbeiter für diese Welt.*

(Aus einer Rede)

Je älter der Vater wurde, desto mehr empfand er diese Schule als das wichtigste Werk seines Lebens.
»Man muß in den Menschen investieren«, sagte er.
Hier war auf lange Sicht eine Arbeit geschehen, die auch für die Zukunft ihre Früchte tragen würde.

Inzwischen nahte Vaters 70. Geburtstag. Diesmal durften aber weder Krieg noch Krankheit dazwischen kommen, denn wir wollten ihn richtig feiern! Das »Landheim«, wie wir es unter uns nannten, war inzwischen, Abschnitt für Abschnitt, so weit fertiggestellt, daß ein würdiges Fest gestaltet werden konnte.
Es war Vaters Wunsch, daß an diesem Tag Mutterles Bild an die blumengeschmückte freie Wand hinter das Podium gehängt werden sollte. So war ihr Wesen immer mit dabei. In seinem Begrüßungswort sagte er, daß ihr ohnehin heute der Ehrenplatz gebühre. Wenn er das Ergebnis der gemeinsamen Arbeit aufzuteilen habe, dann müsse er ihr jedenfalls den größeren Teil zuerkennen. Er sprach damit eine tiefe Wahrheit aus, denn in der Tat war bei allen sei-

nen Entscheidungen, vornehmlich bei dem Entschluß, eine Bauernschule zu schaffen, ihre ganz unmaterialistische Gesinnung in ihm lebendig.

Die vielen guten und gestrafften Festreden waren eigentlich Dankesreden. Man wußte, daß das »Geburtstagskind« kein Freund hochtönender Laudatios war. Und jeder einzelne spürte, daß sie auch irgendwie unpassend gewesen wären. Zum Schluß erhob sich der Jubilar. Er sah an diesem Tag besonders jung aus. Die Freude über die Anwesenheit aller wichtigen Mitarbeiter und Freunde schenkte ihm eine ganz eigene Anmut. Er hielt eine ausführliche Rede, die den Zuhörern unvergeßlich blieb, denn sie offenbarte manch schmerzensreiche Einsicht in die Lasten des Menschseins. Wenigstens einige Sätze daraus seien angeführt:

Wenn wir die einzelnen Umstände unseres Lebens entwirren könnten, würden wir staunen, wie wenig davon unser eigenes Verdienst ist und wie wir das Entscheidende anderen verdanken.

Wenn ich auf mein Leben zurückblicke, finde ich manches, das ich am liebsten herausstreichen möchte. Anderes möchte ich noch einmal machen dürfen. Doch ich habe längst begriffen: auch diese Fehler und Mängel sind wichtig, sie dürfen aus dem Filmstreifen des Lebens nicht herausgeschnitten werden, weil sie dort eine Aufgabe zu erfüllen haben: sie sind notwendig, damit ein Mensch mit seinem Gott und seinen Mitmenschen ins richtige Verhältnis kommt und nicht stolz oder selbstgerecht wird.

Ich bin noch als Sämann und als Schnitter über die Felder gegangen. Jahrhundertelang waren Pflug, Sämann und Schnitter die Symbole bäuerlicher Arbeit. Und fünfzig Jahre Technik haben genügt, um die Welt völlig zu verändern. Aber eben weil die äußeren Dinge uns Menschen so sehr gefangen nehmen, müssen Kräfte in uns geweckt werden, die uns dabei helfen, daß wir uns nicht in Fesseln schlagen lassen. Durch Kulturpessimismus kann das nicht geschehen, so oft

uns das Herz schwer werden will, wenn wir an die Zukunft denken.
Herr der Dinge zu bleiben und nicht unter »die Räder« zu kommen, das ist die Aufgabe, die dem heutigen Menschen gestellt ist. Die Entscheidung darüber, ob er nicht unter die Räder kommt, vollzieht sich im Menschen selbst und nicht in äußeren Dingen.
Es bewegt mich die Frage, ob es nicht eine wichtige Aufgabe wäre, den Bauern und den Arbeitern gemeinsam klar zu machen, daß sie Arbeitskameraden sind: daß der Bauer auf seinem Acker das Brot baut, damit der Industriearbeiter die andere Arbeit tun kann. Und daß sie deshalb füreinander eintreten müssen, damit jeder seinen gerechten Lohn bekommt. Wir alle sind zur Mitarbeit aufgerufen, jeder an seinem Teil und an seinem Platz, solange uns die Gnade des Wirkens geschenkt wird.

(Aus der Dankrede zum 70. Geburtstag 1955)

Als am Abend die Bauernschüler noch das Schlußlied des Tages sangen, spürten alle, daß dieser Tag ein gewisser Höhepunkt in Vater Heges Leben gewesen war.
Er war auch zugleich ein Einschnitt. Ein Vierteljahr später fand die Hochzeit des Sohnes und Nachfolgers Hans-Ulrich mit Magdalene Zeller statt.

Wenn auch die entscheidenden Aufgaben des Betriebes nur sehr allmählich von der älteren in die jüngere Hand übergingen, so war der Vater sich doch bewußt, daß der Sohn genügend Entwicklungsfreiheit brauchte.
Das Abgeben wurde ihm nicht selbstverständlich und nicht leicht, denn er verfügte in der Tat über viel Erfahrung und war von überlegener, weitschauender Klugheit.
Für die jüngere Generation war es nicht immer einfach, sich seiner starken Persönlichkeit gegenüber zu behaupten, um ausreichenden Freiraum zu gewinnen. Da ihm aber in seinem Sohn ein ihm ebenbürtiger, feinfühliger und fachlich tüchtiger Partner erwuchs, ging es gut. Es

bedurfte jedoch von beiden Seiten viel Fingerspitzengefühls und unausgesprochener Rücksicht. Es war sowohl vom Vater als auch vom Sohn eine reife Lebensleistung. Die junge Schwiegertochter, die zuerst zaghaft, dann aber mit wachsender Unbefangenheit, Tatkraft und Sicherheit an ihre neuen Aufgaben heranging, erhielt bald in ihm einen verständnisvollen Vater, der sie unterstützte, wo er nur immer konnte. Im Gedanken an sein näher rückendes Alter war es ihm ein Trost, zu spüren, daß er in ihren Händen einmal die nötige Hilfe und Geborgenheit finden würde. Als wir später im Familienkreis die verschiedenen guten und mißratenen Fotos des Geburtstages betrachteten, erinnerten wir uns besonders gerne an Oskar Farny, den Präsidenten der Raiffeisenverbände. Dieser erhob sich während des Festessens, nahm sein Glas und sagte:
»Lieber Herr Hege, ich möchte Ihnen dasselbe wünschen, was ich neulich unserem Bundeskanzler Adenauer zum Geburtstag sagte. Es ist der Wunsch, den mir meine alte Mutter einst mit ins Leben gab. Er lautet: ›Ich wünsche Ihnen, daß Sie noch recht lange leben, gesund bleiben, und, wenn Sie einmal sterben, in den Himmel kommen!‹«

Der Großvater

»Großpapa, du bis 'n Wunder!«
Staunend umringten die kleinen Enkel im Hof den Großvater. Was der alles konnte! Pfeil und Bogen schneiden, Spielzeug reparieren, kleine Flieger basteln – und ganz toll Peitschenknallen! Er wußte eine Menge Bewegungsspiele fürs Freie, und, auch wenn er nur in der Nähe stand, so war es, als spiele er mit. Es war wie vor dreißig Jahren. Wieder waren es vier Buben und ein Mädchen in der Mitte, die um den Großvater herum aufwuchsen. Nur konnte er sich jetzt ein bißchen mehr Zeit nehmen.
Vieles freilich war anders geworden. Seifenblasen konnte

man jetzt im Laden kaufen, und sie standen den »echten« aus der Waschbrühe in nichts nach. Es war ein unvergeßlich liebliches Bild, wie der Großvater die schillernden Blasen in die Luft hinaufwirbelte und die Enkel jauchzend danach haschten.

Pferde gab es längst keine mehr auf dem Hof. Statt dessen mußte der Großvater gelegentlich rufen:

»Paßt auf, Kinder! Ein Auto!« An manchen Tagen stand der ganze Platz voll Autos und Traktoren.

»Immerhin werden wir noch nicht von umherlaufenden Robotern umarmt«, meinte dann der Großvater, »aber das kann auch kommen. Was habe ich in meinem Leben schon alles an unvorstellbaren Veränderungen erlebt!«

In ihrem selbstverständlich gesunden Lebensgefühl schonten die Enkel den Großvater nicht. Es war gut, daß er Humor und Geduld besaß.

»Großpapa, warum spielst du nicht mit uns Hasch-Hasch?«

»Weil ich nicht mehr so rasch laufen kann!«

»Warum kannst du nicht mehr so rasch laufen?«

»Weil ich alt bin.«

»Warum bist du alt?«

Der Großvater beschloß, das »Warum«-Karussell zu unterbrechen. »Ja, ich bin zwar schon alt, aber ich bin noch relativ gesund, und deshalb kann ich euch beim Spielen zusehen.«

»Großpapa, was ist relativ?«

»Meine drei Haare auf dem Kopf sind relativ wenig. Wenn die drei Haare aber in eurer Sonntagssuppe sind, dann ist das relativ viel.«

»Warum hast du nur drei Haare auf dem Kopf?«

»Im Alter gehen einem eben die Haare aus.«

»Warum, Großpapa?«

Dennoch war der alte Vater unverdrossen bemüht, Rede und Antwort zu stehen. Auch was die heiklen Fragen um Osterhase und Christkind betraf. Hier mußte er sich von seinen Enkeln endlich aufklären lassen. Sie schonten ihn:

»Zu eurer Zeit gab's noch so was, Großpapa. Aber jetzt ist das altmodisch!«

»Das allertraurigste ist, daß der Storch die Kinder auch nimmer bringt«, äußerte ein Enkeltöchterchen. »Die Mütter müssen jetzt ihre Kinder selber kriegen.«

Die kleinen Enkel blieben des Großvaters tägliche Freude, obwohl sie manchmal strapaziös waren. Ein Zwillingspärchen machte schließlich das Dutzend voll. Das Gedeihen der Enkel zu begleiten, war eine Quelle des Glücks für ihn. Aus der Distanz des reiferen Menschen erlebte er das Wunder der Schöpfung, das mit jedem Kind gleichsam von neuem anhebt. Er teilte die winzigen Freuden und Schmerzen, tröstete und half, wo es nötig war; schließlich mußte er auch die Großmutter mit ersetzen.

»Du bist aber auch so viel wert wie Großvater und Großmutter zusammen!« stellte einmal eines unserer Kinder fest, das tröstete ihn sehr.

Oft war sein Schreibtisch jetzt mit allerlei bunten und reichlich schrägen Fotos aus Illustrierten bedeckt. Es sah sehr lustig aus, wenn sich zwischen ernsten Arbeitspapieren freizügige Nackedeis tummelten.

»Ich kann doch meinen jungen Enkeln die Illustrierten nicht unzensiert in die Hände geben!« erklärte er uns. »Ich schneide alle Bilder aus, die mir unpassend erscheinen.«

Aber nach einiger Zeit mußte er seine Kontrolltätigkeit aufgeben.

»Ich müßte fast alle Zeitschriften ausschneiden«, behauptete er.

Gar nicht selten kamen an den Sommersonntagen alle zwölf Enkel zusammen. Bei schönem Wetter spielten sie im Park, ihre hellen Stimmen klangen durch die hohen, blätterreichen Bäume. Eines der Kleinen meinte:

»Wenn ich jetzt als fremdes Kind draußen von der Straße in den Garten schauen würde, dann müßte ich denken: ›Oh, wie schön haben es die Kinder hier!‹«

Nach dem Abendessen durften sich die Kinder hintereinander aufstellen und im Gänsemarsch dem Großvater folgen. Die Zwillinge wackelten als Schlußlicht hinterher. In seinem Zimmer öffnete der Großvater eine Dose mit herrlichen Bonbons. Da sie aber nur ausgegeben wurden, wenn man sich bedankte, rief der Kinderchor beim Anblick der Dose in entschlossener Lautstärke: »Danke!«

Es waren glückliche Sonntage. Der Großvater freute sich, wenn alle Kinder und Enkel um ihn waren. Aber ich kann mir vorstellen, daß er nichts dagegen hatte, wenn wir am Abend winkend und grüßend wieder aus dem Hoftor fuhren. Es war jedesmal ein wirbelnder Umtrieb, den er jedoch, samt seiner einsatzbereiten Schwiegertochter, mit gelassener Heiterkeit ertrug.

Der alte Park nahm inzwischen auch jedes Jahr die »Hohebucher Treffen« auf. Einen Sonntag lang hatten alle ehemaligen Hohebucher Gelegenheit, einander zu begegnen und mit der Familie in Kontakt zu bleiben. (Das Wort »ehemalig« sprach man aber nie aus.)
Der Vormittag gehörte dem Gottesdienst, man saß hinter den Blumenbeeten auf Bretterbänken unter der Trauerweide, die wie ein Dom die überwiegend jugendliche Schar umschloß. Meist wurden die Feierstunden vom Sohn oder vom Schwiegersohn gestaltet. Dann begann die gemeinsame Fahrt auf dem Anhänger des Traktors durch die Felder und den Betrieb. Der Nachmittag gehörte bei vergnügtem Kaffeetrinken dem geselligen Austausch und viel fröhlichem Musizieren; Theateraufführungen oder ein guter Vortrag beschlossen das Programm.
Wie viele »alte« Hohebucher holten sich dabei des erfahrenen Großvaters Rat! Er war vom Morgen bis zum Abend unter ihnen, und erst im hohen Alter ließ er es zu, daß man ihm, als Ersatz für die unbequemen Bretterbänke, einen Stuhl brachte.

Die Jahre zwischen seinem 70. und 80. Geburtstag waren wohl die schönsten in Vaters Leben. Gesundheitlich hatte er sich erfreulich stabilisiert. Geistig war er frisch und stets aufgeschlossen. Hinter allen Dingen aber zeigte sich ganz fein die verstehende Sicht der Altersweisheit. Wo so viele Erfahrungen sich sammeln, schälen sich die Werte, die wahren und die falschen, klarer heraus.

Endlich konnten auch Wesenszüge zum Vorschein kommen, die sich bisher, bedingt durch das ernste Schicksal, im Verborgenen gehalten hatten: Heiterkeit und Humor. Und eines Abends gar, als wir im Familienkreis das Spiel »Weltreise« ausbreiteten, sagte er unvermittelt:

»Bei meinen Sitzungen erzählen die Kollegen immer wieder von erlebnisreichen Reisen in alle Welt. Und ich war noch nicht einmal im Ausland.«

»Möchtest du eine Auslandsreise machen?« fragten wir.

»Es wird Zeit, daß du dir etwas gönnst.«

»Ich bin bisher nicht zu kurz gekommen«, neckte er uns.

»Es gab im Inland immer etwas zu tun, das wichtiger war als eine Auslandsreise.«

Ich dachte für mich: Wem jeder Grashalm, jeder kleine Stein und jeder Vogelflug eine Welt erschließt, der braucht vielleicht gar keine großen Reisen.«

»Möchtest du fliegen? Nach Amerika?«

Nein, fliegen wolle er nicht mehr. Sein Herz käme oft genug auf solidem Ackerland aus dem Takt, wie werde es da erst in der Luft gehen! Er wolle auf dem Boden bleiben.

»Wo möchtest du hin? Nach Norden? Nach Süden? Nach Ost oder West?«

Er lächelte sein ihm eigenes Lächeln, das uns stets an einen Buben vor der Weihnachtstür erinnerte.

»Das Mutterle hat immer so sehr von der Schweiz geschwärmt – könnten wir eine Schweizreise machen?«

So unternahmen wir eine Autofahrt in die Schweiz, mein Mann, der Vater und ich. Wir ahnten noch nicht, welche Möglichkeiten des Erlebenkönnens und welche Bereitschaft zu staunen dem jung gebliebenen Herzen gegeben war! Er war seltsam unverbraucht.

Den ersten Abend verbrachten wir am Bodensee. Beim Spaziergang am Ufer entlang sah der alte Mann hundert Dinge, die wir nie bemerkt hätten. Er beobachtete die Männer beim Anlegen der Schiffe, sah nach den Möwen und sprach mit den Gastwirten über ihre Sorgen.

Der zweite Tag führte uns in die Schweiz, an den Vierwaldstättersee. Vater zitierte den halben Wilhelm Tell; er bevölkerte die Berge und Täler, die Almen und Schluchten mit den Gestalten von Jeremias Gotthelf, C. F. Meyer oder Gottfried Keller. Dabei verlor er nie die dortige Landwirtschaft aus den Augen, die unter herberen Bedingungen zu arbeiten hatte als die seinige im Flachland. Ein übers andere Mal rief er bewegt aus:

»Daß die Welt so schön ist, habe ich nicht gewußt!«

Wir überfuhren den Gotthard und erreichten auf der Südseite unser Ziel Lugano, wo wir in einem freundlichen Schwesternheim wohnten.

Wie ließ er sich von der südlichen Landschaft verzaubern! Im Kurgarten von Lugano kannte er bald alle Bananenstauden und blieb bewundernd vor den Oleanderbüschen stehen. Er ließ sich kein Konzert unter den alten Parkbäumen entgehen – es waren aber auch unüberbietbar herrliche Konzerte! Er freute sich an den kleinen, schwarzlockigen, halb kecken, halb scheuen Fischerskindern am Seeufer und blickte während der Fahrten mit dem Schiff aufmerksam in das seidenglatte, blaugrüne Wasser; er staunte über die dunklen Zypressenhaine am Ufer und besichtigte ergriffen die alten Gäßchen, die halbverfallenen Villen und vor allem die romanischen Kirchen des Tessins.

Eines Morgens fuhren wir mit der Zahnradbahn auf die dem San Salvatore gegenüberliegende Höhe. Oben stand an einem verwilderten Garten geschrieben: *Zweitschönste Aussicht der Welt!*

»Ich würde es niemand übelnehmen, wenn hier stünde: schönste Aussicht der Welt!« sagte der Vater glücklich. Er

konnte sich nicht satt sehen. »Wenn ich noch jung wäre, würde ich hier oben einen Sonnenaufgang erleben wollen!«
In Morcote, am Ende des Luganer Sees, bestiegen wir den wunderbaren Friedhof am Hang und schauten über den weiten glitzernden See auf die im Sonnendunst träumenden Berge.
»Ich kann verstehen, daß man hier begraben sein will!« schwärmte mein Mann.
»Niemals«, wehrte der Vater ab. »Es ist paradiesisch schön hier. Aber begraben sein – das möchte ich lieber daheim!«
Und dabei blieb er. Wenn wir in den darauffolgenden Jahren versuchten, ihn nochmals zu einer Auslandsreise zu überreden, erwiderte er stets:
»Nein, ich möchte zu Hause sterben. Wißt ihr, ich nähere mich der Zahl 75, da kommen einem ab und zu solche Gedanken!«
Dann ging er zum Klavier und spielte das klassisch vertonte Goethelied aus dem »Divan«:

> Gottes ist der Orient,
> Gottes ist der Okzident!
> Nord- und südliches Gelände
> ruht im Frieden seiner Hände!

Aber lange konnte er in jenen Jahren nicht zu seiner Erbauung am Klavier bleiben, denn nach kurzer Zeit schon streckte sich irgend ein klebriges Enkelhändchen neben ihm auf den Tasten aus:
»Jetzt den Flohwalzer, Großpapa!«
Dann mußte der hochbedeutende Flohwalzer gehämmert werden, bis dem Großvater der Atem ausging. Auch die weniger musikalischen Enkel waren darin unermüdlich.

Sein 75. Geburtstag nahte. Lächelnd meinte er:
»Nun kommen sie halt, die hohen Wiegenfeste, diese zweischneidigen Schwerter!«
Aber er ließ dann die für ihn so liebevoll vorbereiteten Festlichkeiten willig und dankbar über sich ergehen.
Diesmal baten ihn die verschiedenen Organisationen, den Tag in Stuttgart in gebührendem Stil feiern zu dürfen, die Zahl der Gratulanten sei zu groß für eine Feier in privatem Rahmen. Er war nur zögernd dazu bereit. Wir, seine Kinder, spürten, daß eine Überraschung im Gange sei, aber es war nichts zu erfahren. Alle Eingeweihten hielten dicht.
Die flitzenden Kellner im Hotel Graf Zeppelin in Stuttgart hatten an jenem Februartag 1960 viel zu tun, um die zahlreichen gewichtigen Persönlichkeiten, die zu einem festlichen Abendessen gemeldet worden waren, entsprechend zu versorgen. Dabei hätten sie den zarten, schlanken Mann fast umgerannt, der nach dem Ort des Festes fragte und sich seinen Weg durch die Räume bahnte.
Im richtigen Saal angekommen, erwartete den Ahnungslosen eine große Freude. Feierlich legte ihm der Landwirtschaftsminister das Große Verdienstkreuz des Verdienstordens der Bundesrepublik Deutschland um den Hals.
Da stand er nun im Schärpenschmuck und sah zu, wie die Fotografen ihre Apparate zückten! Er strahlte eine geradezu bezaubernde Geistesanmut aus in seiner zurückhaltenden Bescheidenheit, hinter der doch viel von aller spürbaren Weisheit steckte. Hinter seiner leuchtenden Genugtuung verbarg sich das Wissen um viel Mühe, um Trauer und Dunkelheit unseres Menschendaseins. Man fühlte, daß er, an der Schwelle zum Alter, bereits über Orden und Ehrungen hinauszuwachsen begann.
Zu Hause verwahrte er sie in seinem Schreibtisch. Getragen hat er die hohen Auszeichnungen nie.

Aber an Großvaters Geburtstag kann es dann wohl passieren, daß die Enkel diese Auszeichnungen sehen wollen, eine ganze Schublade voll. Und wenn dann der Großvater die ehr-

fürchtigen Augen seiner zwölf Enkelkinder sieht, dann
schleicht sich auch in sein Herz ein gewisser Stolz. Ob auf die
Ehrenzeichen oder auf die zwölf Enkel, das lassen Sie mein
Geheimnis sein!

(Aus einer Abschiedsrede)

Halten und Hergeben

Der Briefträger überbrachte einen eingeschriebenen Brief an Dr. h. c. Hans Hege. Der Umschlag zeigte als Absender den Staatsgerichtshof Stuttgart.

»Da fallen einem ja alle Sünden ein, auch wenn man sich keiner Schuld bewußt ist!« sagte der Vater lachend und öffnete das Schreiben.

Der Brief beinhaltete seine Berufung zum Mitglied des Staatsgerichtshofes Stuttgart in Gestalt eines Laienrichters. Man schätze seine große Erfahrung und hoffe auf ergiebige Zusammenarbeit.

Der 75jährige antwortete, es sei ihm eine hohe Ehre und er entspreche gerne der Bitte, vorausgesetzt, er habe bei der Vereidigung keinen Schwur zu leisten, er sei Mennonit. Dies wurde ihm bereitwillig zugesagt.

Wir begleiteten ihn zu seiner ersten Sitzung. Er zeigte sich uns in seiner glänzend schwarzen Richterrobe. Sie wirkte geradezu imposant, und der feingliedrige Mann strahlte eine beeindruckende Würde aus. Ein vorübereilender Bürogehilfe grüßte ehrerbietig und murmelte: »In *dem* Gwand sehet se älle aus wie ebber Rechts!«

Wohlgefällig betrachtete sich der frischgebackene Richter im Spiegel.

»Ja, Kleider machen Leute!« stellte er schmunzelnd fest.

Er übte dieses Amt freudig aus, und manchmal sagte er:

»Ich wäre gerne Jurist geworden. Den Rechtlosen zu ihrem Recht verhelfen, das ist eine herrliche Aufgabe!«

Andere Ämter aber begann er nun vorsichtig abzugeben, sobald sich ein Nachfolger abzeichnete.
Sein Ausscheiden aus einem Aufsichtsrat schildert er so:

> *Ich bin der Älteste in Ihrem Kreise, nicht nur an Lebensjahren, sondern auch an Dienstjahren. Wie schnell das doch geht!*
> *Wenn ich die Rolltreppe am Stuttgarter Hauptbahnhof benütze, dann muß ich manchmal denken, daß sie wie ein Zeitraffer sein könnte für das Leben eines Menschen.*
> *Als Letzter tritt man an, und hat nur Vordermänner. Dann steht man in der Mitte und sieht die Vordermänner der Reihe nach aus dem Gesichtsfeld verschwinden.*
> *Und wie rasch ist man dann selbst oben und hat auch zu verschwinden! Es wäre töricht, es nicht zu tun.*
>
> (Abschiedsrede bei der WLZ)

Hans Hege hat seine Aufgaben nicht aus der Hand gegeben, weil er eine Abnahme seiner geistigen Kräfte hätte erkennen müssen. Er tat es aus der souveränen Freiheit eines Menschen, der den Gang allen Lebens in gehorsamer Weisheit annimmt. Wie viel innere Tapferkeit er bei diesem stückweisen Abgeben sich selbst abverlangte, weiß wohl niemand.
Aber in gleichem Maße schienen auch immer wieder neue, reizvolle Aufgaben auf ihn zuzukommen, die er gerne übernahm. So bat ihn 1956 die Deutsche Landwirtschaftsgesellschaft, anläßlich ihres 50jährigen Bestehens, ihrem Gründer Max Eyth in Hannover eine Gedenkstunde zu halten. Bundespräsident Heuss, der für die Rede vorgesehen gewesen sei, habe wegen Terminschwierigkeiten nur eine bedingte Zusage geben können.
Mit welcher Wonne vertiefte sich der Vater in »seinen« Eyth, nun, da er endlich mehr Zeit zum Lesen und Schreiben hatte! Es entstand ein entzückend warmes und anschauliches Lebensbild, das er in den folgenden Jahren mehrmals darzubieten hatte.
Aber gerade, als er in Hannover nicht ohne Herzklopfen

das Podium betreten wollte, erschien der Bundespräsident doch noch. Nein, den Eyth lasse er sich nicht entgehen! Mit großem Interesse lauschte der Vater den Ausführungen des hochgebildeten Präsidenten! Im Anschluß an die Feierstunde begannen die beiden fast Gleichaltrigen für ihren berühmten Landsmann zu schwärmen. Ja, die Schwaben, das waren halt Kerle, die Anwesenden nicht ausgenommen! Auch alte Erinnerungen an die gemeinsame Heimat Heilbronn wurden lebendig. Leider war es das letzte Mal, daß die beiden im Kern ihres Wesens einander verwandten Männer sich persönlich trafen. Heuss starb bereits sieben Jahre später.

Endlich fand der Vater auch mehr Zeit für seine geliebte Pflanzenzucht. In den kommenden Jahren verging kaum ein Sommertag, an dem er nicht seinen Gang in die Zuchtgärten tat.
»Züchterblick- Züchterglück- Züchtergeschick- Züchtertick«, formulierten seine Enkel.
»Ja, vielleicht muß man tatsächlich so etwas wie einen Tick haben!« meinte er nachdenklich.
Anläßlich des 40jährigen Bestehens der Hohebucher Saatzucht sagte er zu den süddeutschen Pflanzenzüchtern:

Wenn ich auf die 40 Jahre meiner Züchtertätigkeit zurückblicke und damals schon meine heutige Züchtererfahrung gehabt hätte, dann hätte ich wohl zu mir selbst gesagt: »Du weißt nicht, was du tust!«
Der Pflanzenzüchter ist ein Idealist, der sein Ziel nie erreicht. Soll er sich deshalb entmutigen lassen? Nein, nichts soll ihm den Idealismus nehmen und den Glauben, daß er vielleicht doch einmal eine gute, ja, eines Tages sogar einmal die köstliche Perle finde, die es wert ist, jahrzehntelang vergeblich gesucht zu haben.
Was aber dann, wenn der Züchter und Forscher kein Glück hat?
Dann wünsche ich ihm, daß er trotzdem »ja« sagen kann zu

dem Weg, den er gegangen ist und den der Psalmist so beschreibt: »Wenn unser Leben auch Mühe und Arbeit gewesen ist, so ist es dennoch köstlich gewesen!«
(Aus einer Ansprache)

Auch als Endsiebziger war er noch voller Pläne; nicht wenige davon führte er aus. Wer ihn allerdings nur flüchtig kannte, mochte jetzt hin und wieder den Eindruck haben, daß er reserviert und streng wirke. Seine starke Persönlichkeitsausstrahlung machte ihn oft etwas unnahbar. Aber sein eigentliches Wesen war das nicht. Er litt darunter, daß er so wirkte. Es war ihm nicht in jeder Stunde gegeben, so aus sich herauszugehen, wie er es gerne gehabt hätte. Aber wem es gelang, den Ring der Zurückhaltung zu sprengen, der hatte einen Freund gewonnen.
»Ach, vor lauter Hemmungen sondern wir uns ab und sehen uns dann plötzlich einsam! Wie gut haben es die Menschen, denen die Gabe der Unmittelbarkeit angeboren ist!« schrieb er einmal.
Im Familienkreis allerdings lockerte er sich nun mehr und mehr. Wie manchen Abend saßen wir unter der Lampe und kamen ins humorvolle Erzählen! Da war er voll gelöster Heiterkeit.

Sein 80. Geburtstag rückte näher.
»Es ist nicht zu glauben, daß ich schon 80 Jahre alt werde!« meinte er verwundert. »Freilich, freilich, man selbst merkt's nicht, aber die anderen!«
Doch auch auf die anderen wirkte er nicht wie ein Achtziger.
Von dem wohlgelungenen Fest lassen wir ihn selbst erzählen, wie er seiner älteren Schwester Johanna darüber berichtet:

Da Du, liebe Johanna, als einzige aus dem Geschwisterkreis an meinem 80. Geburtstag nicht teilnehmen konntest, möchte ich Dir einen Bericht in Deine stille Stube schicken.

Gerne wäre ich den offiziellen Feiern aus dem Weg gegangen. Aber ich hätte den Menschen, die es doch so gut meinten, eine große Enttäuschung bereitet. Und so habe ich mich denn darein geschickt.

Man hatte die Gratulanten auf drei Tage verteilt, damit es mir nicht zu viel würde. Am 1. Februar nachmittags kamen die Vertreter der Organisationen. Man hatte dazu einen zwanglosen Empfang im »Landheim« mit Kaffee und Kuchen vorbereitet. Es kamen die Vertreter der Behörden, des Landes und des Kreises (Stuttgart, Heilbronn, Öhringen, Künzelsau usw.). Ansprachen hatte ich mir verbeten. Wir waren auf kleine Tische verteilt, ich konnte von Tisch zu Tisch gehen, und so war es ein gemütliches und sehr gelockertes Zusammensein, das allen sichtlich Freude machte und mich gar nicht anstrengte.

Am 2. Februar war die Feier im Kreis der Familie. Es kamen alle Geschwister, alle Kinder und Enkel; letztere hatten schulfrei bekommen, die Lehrer hatten den Geburtstag vom Fernsehen und aus der Zeitung erfahren. Zuerst waren wir im Hof zusammen. Abschließend war ein festliches Abendessen im Landheim mit allen Angestellten und den Lehrern der Bauernschule; auch Fürst und Fürstin von Waldenburg, die uns stets freundschaftlich begleitet haben, waren unter uns. Hier wurden ebenfalls keine Reden gehalten, lediglich die Enkel haben Gedichte vorgetragen und eine Aufführung gemacht. Zum Ausklang hielt Albrecht eine Andacht im großen Saal, auch die 50 Bauernschüler kamen dazu. So war auch dieser Tag schön und harmonisch und für mich gut zu überstehen.

Für den 3. Februar war dann vormittags die Feier in Ochsenfurt vorgesehen. Der neue Sitzungssaal schuf einen schönen Rahmen für die etwa 70 Teilnehmer. Und hier ging es eben dann doch nicht ohne Lobreden ab. Es wurde im Namen der bayerischen Staatsregierung gesprochen, wobei man mir den höchsten bayerischen Staatsorden überreichte, den Nichtbayern sonst nicht bekommen. Dann kam der Präsident der Raiffeisenverbände, der die goldene Raiffeisennadel über-

reichte, und schließlich der Präsident der Deutschen Landwirtschaftsgesellschaft und zum Schluß noch der Direktor der Zuckerfabrik.
Anschließend fuhren wir zum Festessen nach Würzburg, bei welchem die mehr gelockerten Reden der anderen Organisationen zu Wort kamen. Ich kann sie nicht alle aufzählen, nur die Präsidenten der Max-Planck-Gesellschaft, der Bauernverbände und der Südzucker erwähne ich.
Um drei Uhr nachmittags war dann auch das Festmahl zu Ende. Ich hatte mir vorgenommen, mich durch nichts, aber auch durch gar nichts aus der Ruhe bringen zu lassen, und so habe ich diese drei Tage ohne Schwierigkeiten überstanden.

Die Zuckerfabrik Ochsenfurt überraschte mich zum Schluß noch mit einer schön gebundenen und reich bebilderten Festschrift, die ich Dir beifüge. Diese Festschrift hat mir eine schlaflose Nacht bereitet. Denn das war gar nicht in meinem Sinn. Doch nun ist sie da, ich kann es nicht mehr ändern.

Falls ich aber je meinen 85. Geburtstag noch erleben sollte, möchte ich ihn nur im kleinen Kreise der Familie feiern. Im Alter sind einem die großen Feiern und Lobreden nimmer wichtig. Und in seinem Innern weiß man ja auch ganz genau, daß es kein Verdienst war, was man tun durfte, sondern eine Gnade. Man kann in dieser Reifestufe doch einfach nicht mehr vorbeigehen an dem, was vor den Menschen verborgen blieb: an dem vielfältigen Versagen, an der Fragwürdigkeit vieler Motive und an Begebnisse, derer wir nur mit Beschämung gedenken. Man hat einfach ein zwiespältiges Gefühl. Ich habe das auch in meiner Dankansprache am Schluß gesagt; ich hätte sonst ein schlechtes Gewissen gehabt. Dazu ist uns doch die Gnade des hohen Alters geschenkt; wir dürfen nicht ohne Widerspruch hinnehmen, was uns nicht zukommt.
»Der Mensch ist, was er vor Gott ist, und mehr ist er nicht«, las ich neulich. Wenn die Rückschau vor dieser höchsten Instanz geschieht, dann bekommt sie ein ganz anderes Gesicht als in den Augen der Menschen.

Geschenk des Alters

Wie empfindet ein 80jähriger, noch im Vollbesitz seiner geistigen Kräfte, sein Leben?
»Ich nehme es nicht als eine Last, sondern als eine Aufgabe«, sagte der Vater. »Lasten trägt man unwillig, und man gleicht darin, wie ich einmal las, einem Esel, der zwar das Gewicht, aber nicht den Wert seiner Last kennt. Es hat auch gar keinen Sinn, sich gegen diese Woge des Altwerdens aufzubäumen, sie kommt unausweichlich, es ist besser, man nimmt sie an und läßt sich tragen. Gewiß, es ist ein täglicher Lernprozeß. Doch Altwerden mit Stil und Humor – das ist schon etwas! Ich denke auch gerne an das Wort einer alten Bäuerin: ›Ebbes Guets ischt an jedem Tag – und des suchet! Mr müsset au wieder lerne, daß grad *des* unserem Lebe Glück und Glanz schenkt, was mr net mit Geld kaufe kann!‹«

In allen seinen Briefen aus jener Zeit zeigt sich die Dankbarkeit für eine ordentliche Gesundheit. Umso erschrokkener war er, als er im 82. Jahr plötzlich eine heftige Darmblutung bekam.

Ernst und blaß fuhr er mit seinem Sohn eilig ins Krankenhaus. Sicher, er war bereit. Aber dennoch war es eine bittere Sache, so unvermittelt von allem Liebgewordenen Abschied nehmen zu müssen.

Der Befund stellte sich jedoch als harmlos heraus. Er durfte bald wieder nach Hause.

Wir beide, Vater und Tochter, versuchten es aber von da an mit einem jährlichen Erholungsurlaub im Kurhaus Palmenwald in Freudenstadt. Wir versprachen uns von der Luftveränderung eine Kräftigung, was dann tatsächlich auch jedes Mal der Fall war. Obwohl der Vater nicht gerne »Kurgast« war, erholte er sich doch stets vorzüglich.

Beim stillen Gang durch die hohen, würzigen Tannenwälder (damals gab es noch kein Waldsterben) löste er sich am leichtesten aus seiner Verschlossenheit und kam unbeschwert ins Erzählen. Er äußerte seine Gedanken über die

Dinge der Welt und die Dinge des ewigen Lebens in der ihm eigenen anschaulichen Sprache. Jedesmal war ich erstaunt, daß er nirgends die üblichen Gedankenwege beschritt, sondern sich ganz selbständig auf die innere Wanderschaft durch Philosophie und Theologie begab. Selbst die berühmtesten Standardwerke las er nicht ohne eigene Meinung. Auch für politische Vorgänge war er sehr wach und manchmal recht kritisch.

Absichtslos und ohne Verkrampfung schulte er sein Gedächtnis. Eines Vormittags traf ich ihn auf einer Bank im Freudenstädter Kurgarten.

»Ich habe mir soeben auf der Post das neue Heftchen mit den Postleitzahlen geholt, die jetzt eingeführt werden. Ich habe sie mir eingeprägt, damit ich nicht immer nachschlagen muß. Es ist wunderbar logisch aufgebaut, alles. Ich bin schon fertig damit.«

Vom dritten Freudenstädter Urlaubstag an besichtigte er alle Schaufenster, um Geschenke für seine zwölf Enkel zu suchen. Seine Ausdauer und sein Einfühlungsvermögen waren in der Tat zu bewundern und für mich ausgesprochen anstrengend. Spätestens in der zweiten Urlaubswoche bekam er Heimweh nach seinen Feldern.

»Ich liebe die herrlichen Tannenbäume hier«, konnte er dann sagen. »Aber eine Kornähre wachsen zu sehen und dabei denken, daß kein Korn ohne Gottes Wirken wachsen kann, das ist für mich etwas unvergleichlich Wunderbares! Jetzt, am Ende meines Lebens weiß ich gewiß, daß ich in einem sehr tiefen Sinn – Bauer bin!«

Wir begaben uns auch ins Freudenstädter Theater. Aber modernere Stücke lagen dem Vater nicht sonderlich, und er scheute sich nicht, eine Vorstellung noch vor dem Schluß zu verlassen. Bei Bert Brechts »Mutter Courage« sagte er:

»Ach was, diese Person handelt ja völlig unlogisch!«

Bei Dürrenmatts »Besuch der alten Dame« war er geradezu bekümmert.

»Die Würdelosigkeit und Geldgier der Menschen darstel-

len, das kann man freilich«, meinte er. »Ob man es in der vorliegenden Weise darf, weiß ich nicht. Der Mensch als Gottes sehnsuchtsvollste Schöpfung, mit dem er sich unsäglich Mühe machte, für den er sich preisgab – wenn der Mensch diese seine eigentliche Herkunft vergißt, dann bleibt freilich nur noch der Abgrund!«
Er beschäftigte sich danach lieber mit einer bedeutenden Persönlichkeit, etwa mit Albert Schweitzer oder Max Planck. Auf einer Waldbank las er mir einige Sätze aus seinem Referat vor, das er anläßlich eines Jubiläums des Max-Planck-Institutes für Züchtungsforschung in Köln zu halten hatte.

Es ist mir immer eine besondere Freude, gerade bei hervorragenden Vertretern der Wissenschaft eine ausgesprochene Bescheidenheit zu finden. Überragende Größe hat es nicht nötig, alles um sich herum kleiner zu machen, und sie tut es auch nicht. So sollten auch wir uns immer mehr dazu erziehen, die Leistungen unserer Mitmenschen auf irgendeinem Gebiete zu erkennen und gelten zu lassen. Wir sind uns diese gegenseitige Achtung schuldig in einer Zeit, die es nur in der Spezialisierung möglich macht, auf dem unerhört weit gewordenen Gebiet des Wissens noch tiefer vorzudringen... Wo sich der in der Führung stehende Mensch nicht in der Verantwortung vor Gott weiß, ist Gefahr im Anzug.

Als Lesezeichen benützte er ein Wort von Max Planck, damit er es immer vor Augen habe:

Es gibt keine Materie an sich, alle Materie entsteht und besteht nur durch eine Kraft, welche die Atomteilchen in Schwingung bringt. Hinter dieser Kraft müssen wir einen bewußten, intelligenten Geist annehmen. Ich bin sicher von dem Verdacht frei, für einen Schwarmgeist gehalten zu werden. Aber ich scheue mich nicht, diesen geheimnisvollen Schöpfer aller Kraft ebenso zu nennen, wie ihn alle Kulturvölker genannt haben: Gott.

Bei seiner Rückkehr aus Freudenstadt blieb er immer besonders gerne wieder zu Hause. Nur an Beerdigungen und hohen Geburtstagen nahm er gewissenhaft teil.

An seinem 85. Geburtstag schaffte er es dann tatsächlich, sich abzusetzen. Er feierte den Tag mit Kindern und Enkeln im Haus seines Sohnes Albrecht. Damals war die Zeit der Jugendrevolutionen, und die heranwachsenden Enkel waren alle von diesem aufwühlenden Umbruch berührt.
Der Vater machte sich ernste Gedanken über die turbulente Unruhe unter den vielen jungen Menschen. Oft blieb er, etwa am Bahnhof, vor den ausgehängten Terroristenfotos stehen und war traurig über die Verwirrung, die in den jungen Männern und Mädchen aufgebrochen war.
»Ich möchte diese Leute einmal mit siebzig oder achtzig erleben!« sagte er manchmal.
Sein Gesundheitszustand ließ in diesem Jahr zu wünschen übrig. Aber er blieb nicht daran hängen. Manchmal dachten wir, daß das Geheimnis dieser hohen Altersstufe sich nur dem enthüllen könne, der es erlebt, im Schweren und im Schönen. In jeder Stunde bereit sein, das Leben herzugeben – nur dann scheint es sich als kostbares Geschenk zu erschließen. Das Rilkewort war ihm in jener Zeit durchaus nah: *Das Leben ist eine Herrlichkeit.*
Hin und wieder wurde er von der nachfolgenden Generation gefragt, wie man ein gutes Alter vorbereiten könne. Er entgegnete:
»Auf daß dein Alter heiter sich gestalte, nimm es schon in jungen Jahren ernst!«

Als er 86 Jahre alt war, wußte er, daß eine Blasenoperation unumgänglich auf ihn zukam. Sie sollte im Heilbronner Krankenhaus durchgeführt werden. Die Tage der Vorbereitung auf diese Operation hat er bewußt als seine möglicherweise letzte Lebensphase empfunden. Er

sprach nicht darüber, aber man spürte es an seinen Äußerungen und er war dankbar, wenn man ihn darin nicht allein ließ.
Ich sehe ihn noch vor mir, wie er sich an jenem Herbstabend vor der Operation von uns verabschiedete. Er ging mit uns ans Auto, die Herbstblätter fielen von den Bäumen auf ihn herab. Wehmut lag in seinem Gesicht, als er uns nachwinkte und dann langsam in das hell erleuchtete Krankenhaus zurückkehrte.
Er überstand die lange und schmerzhafte Operation jedoch gut. An Weihnachten, daheim und mit uns allen zusammen, war er wieder ganz er selbst.
Er ging nun nicht mehr viel an die Öffentlichkeit. Lediglich die Zuckerfabrik Ochsenfurt und die Milchversorgung Heilbronn ließen nicht locker, und da er bei beiden Verbänden wie zu Hause war, nahm er gerne den Ehrenvorsitz wahr. Schmunzelnd konnte er manchmal sagen: »Was ist mir von alledem geblieben? Nur Milch und Zucker!«
Noch vermochte er die mancherlei beginnenden Beschwerden geistig zu bezwingen. Er lebte gern, denn er hatte die Welt und ihre Aufgaben in einem sehr umfassenden Sinn lieb, und seine reichen Gaben ermöglichten ihm eine große Lebensfülle. Da er ständig tätig blieb und einen genau geordneten Tageslauf einhielt, nahm er nun manches in Angriff, wozu ihm seine Aufgaben bisher wenig Zeit gelassen hatten. Er konnte abends stundenlang mit seinem großen Fernrohr den Gang der Sterne beobachten, er konnte private Briefe schreiben, an Verwandte, Kinder und Enkel, an Leidende und Trauernde. Mit welcher Sorgfalt tat er dies! Zwar war er von allen Menschen und Dingen einen Schritt zurückgetreten, aber nur, um sie aus der Distanz richtiger und gütiger sehen zu können. Täglich bewegte er seine Finger beim Klavierspiel. Wenn ihm ein Satz technisch zu schwierig wurde, schrieb er ihn in eine andere, den Fingern geläufigere Tonart um.
Die Reihen der Freunde lichteten sich, von seinen Ge-

schwistern lebte nur noch der Bruder Fritz. Vielen Arbeitskollegen galt es ins Grab nachzusehen, vielen hatte er den Nachruf zu halten. Dies war ihm eine ernste Pflicht, der er tapfer nachkam. Immer wieder war seine Seelenstärke zu bewundern, mit welcher er neue Trauerlasten auf sich nahm.

»Es gibt edle Schmerzen und edle Traurigkeiten«, sagte er einmal in diesem Zusammenhang. »Sie sind es wert, daß wir auch für sie danken. Wo wir leiden, haben wir geliebt, und wo wir geliebt haben, dürfen wir hoffen, daß alles einmal seine Vollendung findet, auch wenn wir uns über das ›Wie‹ den Kopf nicht zerbrechen sollen.«

Als wir eines Morgens über die Felder gingen, sagte er und in seiner Stimme schwang ein kaum merkliches Zittern mit:

»Dieses Frühjahr höre ich trotz des Hörapparates überhaupt keine Lerchen mehr. Wie merkwürdig ist das – und wie fehlt es mir!«

Die stärkste Begrenzung ging vom Gehör aus. Den Unterhaltungen in größerem Kreis konnte der Vater nun nicht mehr folgen. Doch hatte das Gebrechen auch wieder seine gute Seite: denn inzwischen (1975) war die Autobahn doch noch gebaut worden, und sie führte der ganzen Länge nach am Südrand des Hofes entlang. Bei entsprechender Windrichtung ist das Autogeräusch sehr laut und nimmt dem Park viel von seiner verträumten Stille. Das aber merkte er nicht mehr.

Im Frühherbst vor seinem 90. Geburtstag stand er eines Spätnachmittags im Hof und blickte zu den sich auf den Dächern scharenden Zugvögeln hinauf.

»Was tust du, Papa?« fragte ich ihn.

»Ich sehe den Schwalben nach«, erwiderte er. »Die Zugvögel sind ein Phänomen, mit dem ich mein ganzes Leben lang nicht fertig werde. Ich komme aus dem Staunen nicht heraus. Welche Kraft treibt sie? Wissen sie im voraus, wohin sie ziehen?«

Seine Augen folgten den Abendwolken. Der Himmel war voll Licht und Farbe. Der Ausdruck seines Gesichts ließ die seligbange Sehnsucht eines innerlich freien Menschen ahnen, der spürt, daß auch er in Bälde zu ziehen hat – und nicht weiß wohin.

Gnadenzeit

In der blassen Morgenfrühe des 2. Februar 1975 fuhr auf der Straße von Würzburg nach Waldenburg ein Bus voll fröhlicher Leute. Die jungen Männer und Frauen sangen fast die ganze Zeit über vergnügt wie die Staren. Sie hatten sich einzusingen für ein Konzert. Es war der berühmte Bachchor der St. Johanniskirche zu Würzburg, der an jenem kalten, sonnenklaren Februartag dem 90jährigen Hans Hege einen Festgottesdienst gestalten wollte.

Das war so gekommen: wieder hatten selbstlose und treue Freunde den Jubilar um eine würdige Gestaltung seines hohen Geburtstages gebeten. Er aber hatte alles abgelehnt.

»Nein, keine Ansprachen mehr! Keine Geschenke! Keine Orden!« (Letzteres konnte er gut sagen, denn er besaß inzwischen alle, die möglich waren.) »Mein Geburtstag ist an einem Sonntag, da geht unsereiner zur Kirche. Wer mir aber nach dem Gottesdienst gratulieren will, sei herzlich willkommen. Ein so alter Mann wie ich freut sich, wenn er spüren darf, daß er und das, was er getan hat, noch nicht ganz vergessen ist!«

Und so wurde, fast absichtlos, aus jenem Sonntagsgeburtstag ein glanzvolles Fest. Der von den Ochsenfurtern angefragte Chor war gerne bereit, dem Jubilar einen musikalischen Festgottesdienst zu »schenken«.

»Ein 90jähriger! Wie das wohl gehen wird?« tuschelten die Sänger untereinander.

Aber als der Jubilar erschien und sie alle herzlich begrüßte,

konnte sich niemand der Würde und Klarheit des gelassenen alten Mannes entziehen.
Die Festpredigt des Sohnes Albrecht hatte als Thema Mutterles Konfirmationsspruch: »Von Gottes Gnade bin ich, was ich bin.«
Der Vater, der in seinem Leben schon viel über das große Wort »Gnade« nachgedacht hatte, war bereit, nun auch diese letzte, steilste Wegstrecke als »Gnade« anzunehmen und sich wieder, wie einst als Kind, vertrauensvoll in den ewigen Armen zu bergen.
Der Chor sang in unvergeßlicher Schönheit die Bachkantate Nr. 65, die das Erscheinungsfest zum Thema hat. Epiphanias und Lichtmeß – diese beiden Feste waren dem Vater schon von jeher wie zwei einander zugehörige, sich grüßende Sterne erschienen.

Sie werden aus Saba alle kommen...
Denn dieser Tag ist mir ein Tag
der Freuden!
Verschmähe nicht
mein Herz, das ich in Demut zu Dir bringe.
Des Glaubens Gold, der Weihrauch des Gebets
die Myrrhen der Geduld
sind meine Gaben.

Wir waren von der herrlichen Musik im Innersten so angerührt worden, daß wir den Chor nicht ziehen ließen, ehe er nicht mit uns gefeiert hatte.
So füllte sich denn bald die große Festhalle in Waldenburg mit jungen und alten Menschen. Durch die hohen, hellen Fenster grüßten die Türme der wieder aufgebauten Stadt.
In der Mitte präsentierte sich ein schmuckvoll aufgebautes, umfangreiches Bufett, das auch für unerwartete Gäste reichte. Fürst, Arbeiter und Bauer speisten von derselben Tafel, das war ganz im Sinn des »Geburtstagskindes.«
Den schönsten Tisch hatten sich die zwölf Enkel ausgesucht. Die meisten waren inzwischen bereits im Studium

und hatten schon die halbe Welt bereist. Wie freute sich der Großvater, daß sie alle anwesend waren! Er nahm Anteil am Ergehen jedes einzelnen. Und wo sie sich ihm verschlossen, respektierte er es. Denn er wußte, daß es die heutigen jungen Menschen, entgegen allem äußeren Anschein, inmitten ihrer vielbegehrten »Freiheit« oft gar nicht leicht haben.
Reden sollten, dem Wunsch des Vaters entsprechend, keine gehalten werden. Nur der ihm in langjähriger Zusammenarbeit erwachsene Freund Hermann Josef Abs ließ es sich nicht nehmen, dem Älteren treffende und dankbare Worte zu sagen. Es war vor allem die unbestechliche, schlichte Wahrhaftigkeit, die er an Hans Hege schätzte.
Der Chor sang herzerfrischende Volkslieder, und zum Schluß wurde eine eigens für diesen Tag geschaffene Komposition aufgeführt mit den Noten:
H – E – G – E.

Der »Großpapa«, wie er inzwischen von allen genannt wurde, freute sich an der Freude der anderen, auch wenn er nun an keiner Stelle mehr in den Gang des Festes eingriff. Daß er gegen Abend rote Bäckchen und glänzende Augen bekam, schrieb man dem einzigen Gläschen Wein zu, das er zum Anstoßen benötigt hatte.
Endlich wieder zu Hause, sagte er:
»Entschuldigt, aber ich habe ziemlich Fieber! Ich habe es gestern schon gemerkt, doch ich wollte euch die Freude nicht verderben!«
Wir erschraken. Wie oft hatte man gehört und gelesen, daß nach einem hohen Geburtstag der Jubilar zusammengebrochen war! Er aber blieb heiter:
»Keine Angst. Ich spüre, daß es nicht schlimm ist, so etwas merkt man in meinem Alter. Jedoch werde ich einige Tage im Bett bleiben.«
Er hatte eine mittelschwere Grippe, die er aber zügig auskurierte. Bald war er wieder auf den Beinen und suchte im Garten nach den ersten Krokussen.

Auch jenseits des 90. Lebensjahres teilte er seinen Tag sorgfältig ein. Er war treu mit der Zeit, jedoch als einer, der sie hält und zugleich hergibt.

Mit seinen guten Augen sah er noch viele Dinge, welche die Jüngeren aus Zeitmangel nicht bemerkten. Er entdeckte jeden losen Ziegel auf den Dächern und jedes Brennesselnest hinter den Scheunen.

»Er sieht einfach alles«, meinte einmal eine Enkelin, als wir sie wegen eines losen Knopfes an der Jacke beruhigen wollten. Es war tatsächlich so. Der Großvater sagte nur: »Komm, wir holen dir Faden und Nadel!«

Auch die Füße taten noch ihren Dienst. Wenn das Wetter es erlaubte, ging er täglich in die Zuchtfelder. Auf dem Rückweg setzte er sich dann gerne noch ein wenig in den Garten unter die große Trauerweide. Er beobachtete die Rosen, entdeckte die kleinsten Läuse und meldete die erste reife Erdbeere. Er freute sich an dem regen Leben ringsum. Und wenn ihn etwas ärgerte, was schließlich nicht vermeidbar war, dann ließ er dieser Empfindung nicht unnötig Raum. Jetzt trugen andere die Verantwortung.

Er versuchte, für seine Person so wenig Arbeit wie nur irgend möglich zu machen. Wenn er morgens Schlafzimmer und Bad verlassen hatte, war bis auf das Bett alles aufgeräumt und geordnet. Als wir ihn einmal deshalb bewunderten, meinte er:

»Das ist kein Verdienst! Der Ordnungssinn ist mir angeboren! Aber er hat eine wenig liebenswerte Schwester: die Pedanterie, die kenne ich wohl!« Und dann hängte er, wie jeden Tag, alle vom Abstauben etwas verschobenen Bilder wieder gerade.

Die Pflanzenzüchtung im Betrieb erweiterte sich mehr und mehr. Sie war mit der bisher üblichen, recht anstrengenden Handarbeit weder finanziell noch von der menschlichen Arbeitskraft her mehr zu bewältigen. So machte sich der Sohn Hans-Ulrich an die Konstruktion kleiner handlicher Spezialmaschinen. Er war darin sehr erfolgreich; andere Züchter bestellten seine Geräte. In kurzer Zeit verwandelte sich die bescheidene Werkstatt in eine riesige Fabrikhalle. Nach wenigen Jahren schon arbeiteten die praktischen Geräte fast in allen Erdteilen, sogar die Russen zeigten sich aufgeschlossen.

Es verging kaum ein Tag, an welchem der alte Großvater nicht in die große Werkhalle ging, um sich die einzelnen Arbeitsvorgänge anzusehen. Am liebsten hätte er sich noch in die neuartigen Computer eingearbeitet! Da er selbst technisch sehr begabt war, erfaßte er rasch jede Verbesserung, beobachtete die Herstellung der Ersatzteile und freute sich an den auch äußerlich hübsch anzusehenden kleinen Maschinen. Hei, wie die Funken sprühten, die Stanzmaschinen liefen, die Bohrer knatterten! Die Leute freuten sich immer, wenn der alte »Großpapa« kam, verfolgte er doch mit jung gebliebenem Interesse jeden Arbeitsgang! Wieder war ein wichtiges Thema seines Lebens durch seinen Sohn ans Ziel gekommen: die Technik in der Landwirtschaft.

Offen sein, obwohl sich der eigene Lebenskreis schließt, sich beschäftigen, obwohl man nirgends mehr zu gebrauchen ist, das war die großartige Lebensleistung seiner letzten Jahre. Dabei ging es für ihn gewiß nicht ohne heimliche Demütigungen ab, die ihm die jungen Menschen des Betriebes, ja, wir alle, unwissend und ungewollt zufügten.

Zur Feier seines 95. Geburtstages (1980) überbrachte ihm die Ministerin Annemarie Griesinger den Stauferorden des Landes Baden-Württemberg, eine besonders sinnige und schöne Medaille.

»Ich komme heute aber nur als Mensch, nicht als Amtsperson«, sagte sie.

»In meinem Alter braucht man keine Amtspersonen mehr, aber Menschen – das braucht man!« erwiderte der Vater dankbar.

Im gleichen Jahr erlebte er noch einmal eine ganz große Freude: Sein erster Urenkel wurde ihm geboren.

Wieder jauchzte ein kleiner Mann auf seinem Schoß, wieder wurden die vertrauten Fingerspiele geübt. Es war ein ergreifendes Bild: die Greisenhand und das Kinderhändchen, die einander liebkosten und sich als Glieder einer Lebenskette hielten.

Aus seinen Briefen, die der Vater um das 95. Jahr herum schrieb, wird ersichtlich, daß er sich nun viel mit dem Gedanken an das Sterben auseinandersetzte. Er tat dies wohl sehr allein. Am Ende eines Gesprächs mit uns sagte er einmal:

»Ihr seid alle jünger als ich. Als junger Mensch kann man auch sterben, aber man kann diese Frage noch von sich wegschieben. Im Alter kann man es nicht mehr. Und hier liegt der entscheidende Unterschied.«

Da sich in manchen dieser zuletzt geschriebenen Briefe unbeabsichtigt viel seelsorgliche Hilfe verbirgt, seien einige Stellen angeführt.

Wenn man weit über 90 Jahre alt ist, denkt man oft an den Tod. Aber die Frage ist, was man denkt. Wir wissen nicht, wie die Ewigkeit sein wird. Wir sind ganz auf Glauben gestellt, alle. Das Neue Testament hat für dieses jenseitige Sein immer das Wort »Herrlichkeit«, die Gott denen bereitet hat, die ihn lieben und welche die Leiden dieser Zeit nicht wert seien. Darauf vertrauen wir.

Zuversichtliche Gelassenheit und unerschütterliches Vertrauen braucht der alte Mensch, wenn seine Tage noch einen Inhalt haben sollen.

Das Wirken Gottes wird von jedem erfahren, der hören und sehen will. An diese Erfahrungen dürfen wir uns halten, wenn Zweifel, Unsicherheit und Angst vor dem Kommenden uns überfallen. Damit hat jeder zu kämpfen, vor allem bei Krankheit, Existenznöten und im Alter.

Dennoch bleibe ich stets an Dir! Wer das sagen kann, und sei es auch nur unter Zittern und Zagen, den wird Gott nicht verlassen. Das möchte ich auch mir selbst immer wieder zurufen.

Neulich hat mich unser Pferdeknecht Gall aus Breitenau besucht. Wir waren zusammen Kinder.
»Sterben will ich gerne«, sagte er. »Aber bis es vorbei ist.«
Ja, so denken wir. Aber die Bitte: Mach's nur mit meinem Ende gut! dürfen wir vor Gott bringen und darauf vertrauen, daß er uns durch Jesus Christus wissen ließ, er sei ein gnädiger Gott.
Ich bin durch manch dunkles Tal gewandert. Aber ich will glauben, daß es mir zum Besten dienen mußte. Für manche harten Führungen lernte ich inzwischen danken, denn ich sah ihren Sinn. Sie hielten mich demütig. Oft habe ich schwere Stunden; wer hätte sie nicht, wenn er weiß, daß er vor der Pforte der Ewigkeit steht! Dennoch ist mein Herz voll Dankbarkeit und voll Vertrauen.
Ich bin nun 95 Jahre alt. So oft ich diese Zahl schreibe, sehe ich sie selbst immer wieder mit Verwunderung an, ob es denn auch wirklich wahr ist. Wie wenige erreichen dieses Alter und dürfen dabei in der Fürsorge ihrer Kinder stehen! Ich frage mich täglich, ob ich auch wirklich dankbar genug bin für dies alles.

Im Sommer 1980 starb sein sehr geliebter Bruder Fritz. Nun war er ganz allein, alle Geschwister waren vorangegangen. Manchmal saß er nun sehr still in seinem Sessel, er erschien uns ein wenig ferngerückt. War er trotz völliger, sehr vergeistigter Klarheit, trotz wachem Interesse an allen Lebensvorgängen doch schon ein wenig über die Freuden und Schmerzen dieser Welt hinausgewachsen? In den Schlußstrophen eines seiner späten Geburtstagsgedichte heißt es:

Wer Saaten legt, der wage zu vertrauen!
Wer ungeduldig nach dem Keimling späht,
entdeckt nur Unkraut, das von selbst entsteht,
bis er die ersten Linien kann erschauen.
Ja, auch die krumme grünt, ins Licht befreit,
zum Wuchs bereit.

Der Sommer steigt. Die Grillen zirpen leise.
Der Mohn verblüht. Ein Hauch von Ehrfurcht streift
die Pracht der Felder, goldschwer ausgereift.
Der Schöpfung Lied – ich hör's auf meine Weise
in Dank, Vertrauen und in weher Freud
zum Schnitt bereit.

Wir lernen stufenweise erst verstehen
den Sinn von Saat und Ernte, Keim und Frucht.
Wenn einst der Herr der Ernte Früchte sucht:
was ich vermochte, Freunde, ist geschehen.
Getrost erwarte ich des Schnitters Zeit
und bin bereit.

Der Abschied

»Hältst du wieder einmal Zwiesprache mit dir selbst, Papa? Ja, wir lassen dich viel allein!«
Leise trat ich zu seinem Sessel. Er blickte freundlich auf und schwieg.
Schließlich sagte er, und man spürte, daß diesen Worten eine lange, lange Gedankenkette vorausgegangen war:
»Ich muß mich nun doch einmal ernstlich in ärztliche Behandlung begeben. Meine Verdauung – es stimmt nicht mehr damit!«
»Allem Anschein nach hast du diese Beschwerden schon länger?«
Er nickte.
»Ich sagte mir; sollte es Krebs sein, dann schreitet er ja in meinem Alter nicht mehr so schnell fort. Warten wir also ab! Doch nun geht es nicht mehr anders – ich muß nach mir sehen lassen!«
Im Diakoniekrankenhaus Schwäbisch Hall, wohin wir den Vater im Herbst 1980 brachten, fand er seine Vermutung bestätigt: die Diagnose ergab Darmkrebs.

Zunächst sah man von einer Operation ab und suchte Wege für eine ambulante Behandlung. Sie war schwierig genug.

»Ich glaube, ich muß dem Arzt Mut machen zu einer Operation«, sagte er an Neujahr 1981. »Es ist kaum mehr anders möglich. Jeder Chirurg hat natürlich Angst, daß ihm ein 96jähriger Patient unter dem Messer bleibt. Aber mein Leben liegt in Gottes Hand; auch auf dem Operationstisch, falls ich nicht mehr erwachen sollte.«

Genau zu diesem Zeitpunkt wurde jedoch eine bessere, ambulante Methode entdeckt und angewandt, so daß er wieder leichtere Tage hatte.

Er führte sein Leben in freundlicher Gelassenheit weiter, ohne sich gehen zu lassen oder untätig zu werden, auch wenn manche Arbeiten nun mühsamer wurden. Lebenslang geübte Pünktlichkeit, Selbstdisziplin und Ordnung waren auch jetzt die Säulen, die sein Leben trugen. Im Juli 1981 erlitt er einen ganz leichten, kleinen Schlaganfall mit Sprechstörungen.

»Wenn es nur so bleibt, daß ich mich wenigstens verständlich machen kann«, stammelte er.

Bald erholte er sich wieder. Aber der allgemeine körperliche Abstieg, den er bewußt, und, trotz inneren Friedens, sehr schmerzlich empfand, hatte unaufhaltsam begonnen.

»Es geht abwärts!« sagte er allemal, wenn wir kamen.

»Vielleicht sollten wir sagen: Es geht nach oben!« erwiderte ich.

»Ja, vielleicht sollten wir so sagen!« lächelte er. »In Gottes Schule sind sowieso alle Vorzeichen meist umgekehrt gültig!«

Wir dachten damals – und er dachte es eigentlich auch – daß man in so hohem Alter abends einschlafen dürfe, um morgens nicht mehr zu erwachen. Als ich ihn eines Abends nach einem wenig guten Tag ins Bett gebracht hatte, sagte er:

»Mach dir keine Sorgen! Damit lebe ich nun seit zwanzig Jahren, daß jede Nacht die letzte sein könnte!«

Es war aber noch ein weiter Weg zu gehen.
Er war dankbar, daß er daheim bei seinen Kindern bleiben konnte, und er wußte, daß wir ihn, wenn nur irgend möglich, bis zur letzten Stunde bei uns behalten wollten. Er fühlte sich bei uns geborgen, aber jede Art »Sterbebetreuung« hätte er entschieden abgelehnt, und sie ist mir seither auch etwas fraglich geworden. Die entscheidenden Schritte muß wohl jeder allein machen, und auch die Nächsten und Liebsten haben dabei einen Steinwurf weit zurückzubleiben.
Er konnte nun nicht mehr, wie die Jahrzehnte davor, beim Abschied am Sonntagabend mit uns zum Auto gehen. Er winkte vom Wohnzimmerfenster aus zu uns herunter. Und jedesmal war sein Blick voll wehen Abschieds.

Eine letzte, ganz große Freude war ihm der Erntesegen des fruchtbaren Jahres 1982.
»Habe ich jemals eine solche Ernte erlebt?« fragte er sich selbst, als er die großen Weizenkörner ehrfürchtig durch seine Hände gleiten ließ.
Fast täglich galt es nun, neue Begrenzungen anzunehmen. Es kam der Tag, wo es mit dem Schreiben überhaupt nicht mehr ging. Da war der letzte mühsame Gang in den spätsommerlichen Garten, die letzte Mahlzeit im großen Eßzimmer des Erdgeschosses am Erntedankfest. Allerdings erkannten wir diesen Tatbestand immer stets erst hinterher.
Das Sich-selbst-zurücknehmen-Müssen wurde ihm nicht leicht. Aber wir spürten, daß er diese Erfahrung nicht resigniert verarbeitete, sondern daß er sie geduldig, als zum Gang allen Lebens gehörend, und sehr klaglos annahm.
Gewiß, da waren auch noch letzte Auseinandersetzungen mit Vergangenem, mit schwer Bewältigtem, mit weittragenden Entscheidungen – waren sie richtig gewesen? Aber dies geschah im Grunde nur, um jetzt einen endgültigen Schlußstrich unter ungelöst Gebliebenes zu ziehen.
»Alles ist eitel.« Seine Handbewegung, mit der er jetzt

früher wichtig Gewesenes abtat, drückte unmißverständlich die Nichtigkeit alles Irdischen aus. Es lohnte nicht mehr, für irgendetwas Kraft zu verschwenden.
Der Oktober verschüttete seine Farbenpracht. Die Bäume, die er vielfach mit eigener Hand gesetzt hatte, waren nun mit ihm alt geworden und leuchteten zum Fenster herein. Am 4. Oktober saß er, wie jeden Abend, an seiner Hausorgel und spielte seinen Gute-Nacht-Choral. Danach war er sehr müde.
»Ich wünsche mir, daß es einmal schnell geht!« sagte er leise.
Dann löschte er sehr bewußt, mit verhaltendem Aufseufzen, das Orgellicht – um es nie mehr zu entzünden.
Sein Wunsch wurde ihm nicht erfüllt. Immer tiefer hatte er zu den einzelnen Stufen der Schwäche hinabzusteigen. Doch ließ er sich, voll unbegreiflicher Energie, noch täglich ankleiden (mit Krawatte) und zu seinem Platz am Wohnzimmerfenster führen.
Die Nächte begannen unruhig zu werden; schließlich duldete er es, daß seine Schwiegertochter Magdalene, die ihn liebevoll betreute, auch nachts in seiner Nähe blieb.
»Ach gelt, Papa, man muß viel aufgeben«, sagte sie.
»Alles«, erwiderte er, »alles.«

Anfang November setzte er sich noch einmal an seinen geliebten Flügel und spielte das gerade aufgeschlagene Stück.
»Ohne Musik könnte ich nicht leben«, das hatte er oft gesagt. Auch *das* mußte er nun lassen – sein Gehör nahm die Töne nicht mehr auf, und die Finger hatten ihre Gelenkigkeit verloren.
Er schloß mit eigener Hand den Deckel. Schweren Herzens räumte ich am anderen Tag die Noten weg, Schubert impromptu Nr. 142. Nie mehr würden die Vaterhände, deren weiches, ruhiges Spiel uns einst in unseren Kinderschlaf begleitet hatten, das Klavier zum Klingen bringen.

Eines Morgens war das Lesezeichen seines Losungsbüchleins nicht mehr vorgerückt. Jahrzehntelang war dies sein erster Handgriff gewesen. Nun waren die Augen zu dunkel geworden.
»Muß ich auch noch blind werden?« fragte er bange.
Oft trank er nur noch eine Tasse Tee mit viel Zucker, alles andere wollte nicht mehr schmecken.
Draußen in der Diele tickte die alte Standuhr, ihr voller Stundenschlag tönte durch die Tage und Nächte. Wie viele Stunden würde sie dem Vater noch schlagen?
Zur Adventszeit, wenn er früh zu Bett ging, zündete ich abends manchmal eine Kerze an. Darüber schlief er dann meist ein, und ich sah durch den Schimmer des stillen Lichtes im Geist, wie der Vater Christian einst über das glatte, so schön geformte schlafende Köpfchen gestrichen hatte, ich sah unsere Kinderbetten neben Vaters Bett stehen und fühlte seine kühle Hand auf unseren fieberheißen Bäckchen, wenn wir krank waren. Es war das Zimmer, von dem aus auch die Mutter uns früh ans Fenster geholt hatte: »Seht, wie schön der Morgen ist!«
Nun wurde es mehr und mehr zum Sterbezimmer. Aber da war nichts Erschreckendes, da war nur Güte, Friede und eine fast beseligende Ewigkeitsnähe.
Als kurz vor Weihnachten nochmals eine ambulante Behandlung im Krankenhaus nötig wurde, war uns bange. Würde er die Fahrt überstehen? Er überstand sie. Auf dem Heimweg hob er sogar ein wenig den Kopf zum Fenster des Sanitätswagens.
»Willst du sehen, wie schön der Winterweizen aufgegangen ist?« fragte ihn seine Schwiegertochter Magdalene.
»Winter*gerste*«, flüsterte er schelmisch.
In den Tagen vor dem Fest blieb er endlich ganz im Bett. Er war sehr elend, doch ohne starke Schmerzen. Am Heiligen Abend schob sein Sohn Hans-Ulrich die Bettstatt ins Weihnachtszimmer. Die Augen leuchteten in ungebrochener Lebendigkeit im Widerschein der Kerzen:
»Ich bin glücklich!«

Mehr und mehr lebte er jetzt in einer Art Zwischenwelt, in der wir ihn nicht mehr recht erreichen konnten. Vergangenheit und Gegenwart schoben sich ineinander, auch wenn er klar war. Das Geistige ist in einer erschütternden Abhängigkeit vom Körperlichen.
Dann aber stürmte der Tod endgültig gegen die letzten Lebenskräfte an: er erlitt eine Beckenthrombose; erstmals empfand er heftige Schmerzen. Eine Krankenhausüberführung wurde nicht mehr in Erwägung gezogen.

Die Neujahrsglocken läuteten vom Berg herab. 1983.
Am Nachmittag des Neujahrstages blieb sein Blick lange und bewußt mit letztem Ernst an »seinem« Bild von den anvertrauten Pfunden hängen. War er treu gewesen?
In der darauffolgenden Nacht war er sehr unruhig. Am Morgen verließ er, trotz allem überraschend, fast kampflos das unbrauchbar gewordene Leibeshaus.
Wie still wurde es auf einmal in dem traulichen Zimmer! Draußen senkte sich lautlos eine leichte Schneedecke über Haus, Scheunen, Gärten und Felder, alle Schmerzen und alle Unruhe wie ein sanftes weißes Tuch bedeckend.
Es war Sonntag, der 2. Januar 1983. Noch durften wir ihn an diesem Tag für uns behalten. Über die Dauer der Weihnachtsferien herrschte Betriebsruhe.
Gegen Abend wurde er eingesargt. Fast kindlich schmal lag er in seinem seidenweißen letzten Bett. Zur Aussegnung versammelte uns unser Bruder Albrecht beim Christbaum.
Wir meinten fast, wir könnten ihn nicht hergeben.
Dann trugen wir ihn hinab. Langsam bog der schwarze Wagen um das Hoftor und entglitt uns in die Winternacht hinaus. Fast unbemerkt hatte der Vater des Hofes den Ort seines Wirkens für immer verlassen. Als am anderen Morgen die Arbeit im Betrieb wieder begann, war er nicht mehr da.
Oder war er uns jetzt erst recht nahe, mit seinem Geist, seiner Güte, seiner Treue? Wir empfanden, wie stark sein

Wesen in allen Dingen lebte, die uns umgaben. Es war wie ein Wunder: sein Tod hatte uns bereichert.

Die Beerdigung sollte am Erscheinungsfest stattfinden, jenem Tag, den er immer so besonders geliebt hatte.
»Ein Weiser aus dem Morgenland war er nicht. Aber ein Weiser aus Hohenlohe«, meinte ein Bauer.

> *Sie werden aus Saba alle kommen,*
> *denn dieser Tag ist mir ein Tag der Freuden...*

So erklang es am Morgen des Erscheinungsfestes aus dem Rundfunk. Und die Kantate schloß mit dem Choral, der schon am 90. Geburtstag erklungen war:

> *Ei nun, mein Gott, so fall ich dir*
> *getrost in deine Hände.*
> *Nimm mich und mach es so mit mir*
> *bis an mein letztes Ende.*

Es war, wie die Zeitungen berichteten, ein »Jahrhundert-Dreikönigstag« voll strahlender Wärme. Vielerorts machten sich die Menschen auf den Weg nach Waldenburg. Die Sonne lag hell auf allen Straßen.
Beim Eintritt in die Kirche erlebten wir eine Überraschung: Hinter dem geschmückten Sarg stand der Würzburger Bachchor; er war eigens angereist, um dem Heimgegangenen das letzte Lied zu singen. Die jungen Sänger hatten die ganze Zeit zu stehen, denn es war nirgends mehr auch nur ein einziger Stuhl aufzutreiben. Aber was tat's? Es war wirklich so, wie ein Nachrufredner sagte:
»Es gibt Augenblicke im Leben, für die ist unsere Sprache zu dürftig, zu arm. So empfinde ich den Augenblick, in dem wir jetzt Abschied nehmen.«
»Von Gottes Gnade bin ich, was ich bin.« Diesmal war die Predigt des Sohnes Albrecht zugleich das Abschiedswort. In selten gefügter Harmonie begann sich der irdische Kreis zu schließen.

Vaters geliebte Bachmusik rührte an das Geheimnis des Unsagbaren. Sie war Abbild der unsichtbaren Welt und sprengte Raum und Zeit. Sie führte alles unvollkommene Stückwerk ins Licht und durchdrang es mit österlicher Klarheit, als der Chor nun aufjubelte:

Weicht, ihr Trauergeister,
denn mein Freudenmeister
Jesus tritt herein!
Denen, die Gott lieben
muß auch ihr Betrüben
lauter Freude sein.

Unter dem Läuten aller Glocken zogen wir zum Friedhof, ans Grab der Mutter, das nun auch den Vater aufnahm. Damals waren wir jungen Kinder von Zukunftsangst fast erdrückt worden. Nun aber wehte es wie ein Atem der Dankbarkeit durch uns hindurch.
»Solange es Menschen gibt wie den Vater«, sagte eine junge Bäuerin am Schluß zu uns, »so lange kann es nie ganz dunkel werden auf unserer Welt. Wir tragen ein edles Menschenbild im Herzen.«
Der Sonnenball sank bereits hinter den Theresienberg, als die letzten Trauergäste den Friedhof verließen. Durch die einbrechende Dämmerung schimmerte hell ein einzigartiger großer Ährenkranz, den eine Hohebucher Saatzüchterin geflochten hatte. Den ganzen Sommer über hatte sie heimlich Garben gesammelt. Nun fielen einzelne Körner wie Tränen ins Erdreich.
»Wenn das Weizenkorn nicht in die Erde fällt und erstirbt, bleibt's allein. Wenn es aber stirbt, so bringt es viel Frucht.«
Die Hingabe des Lebens ist ein Mysterium. Und nur das Opfer bleibt.
Eines von Vaters letzten öffentlichen Worten am Grab eines Freundes lautete:

*Am Grabe wird uns bewußt,
daß das Wesentliche, Eigentliche
die menschliche Größe ist.
Alles Irdische findet
hier sein Ende.
Was aber an göttlichem Wesen
in uns gereift ist,
das ist nun der Anfang
eines neuen Lebens.
Und es ist ganz gewiß,
daß alles im Frieden enden wird.*

Weitere Bücher von
Charlotte Hofmann-Hege

WIE IN EINER HÄNGESCHAUKEL
Geschichte einer jungen Ehe
Salzers Kleine Reihe Band 105, 80 Seiten

Ja, die Ehe ist ein Wagnis; Mann und Frau sind immer auf dem Wege, nie am Ziel. Und doch lösen sich allmählich die Ketten, die jeden in sich selbst gefangenhalten – je mehr beide zur wahren Liebe heranreifen.
Unbeabsichtigt ist hinter der lockeren Erzählweise eine Art kleine »Eheschule« entstanden, die in ihrer unaufdringlichen Weisheit und liebenswürdigen Überzeugungskraft Ehepaaren und auch Alleinstehenden hilfreich und empfehlenswert sein kann.

DAS LICHT HEISST LIEBE
Weihnachtsgeschichten
Salzers Kleine Reihe Band 224, 80 Seiten

Weihnachten ist heutzutage ein schwieriges Fest geworden. »Wozu dieser Aufwand mit Kerzenbaum, Krippe und Festtafel?« fragt sich die Arztfrau Cornelia. »Weihnachten ist jedes Jahr eine einzige Enttäuschung. Man wartet auf etwas, das dann doch nicht kommt.« Daß der Sinn von Weihnachten nicht von außen an uns herangetragen wird, sondern sich einem selbst erschließen muß, zeigen die vier aus dem Alltagsleben entnommenen Geschichten, die allesamt ein solches inneres Erlebnis auslösen.

SPIELT DEM REGENTAG EIN LIED
Salzers Kleine Reihe Band 136/137, 112 Seiten

In einem Dorf wohnt die fünfköpfige Familie, von der hier erzählt wird: Vater, Mutter und drei Töchter. Dorli, überaus impulsiv und urwüchsig, ist das goldene Mittelstück, wie die Mutter einmal zu ihr sagt, »ohne dich würde die Familie schnell in ihre einzelnen Teile auseinanderfallen«. Und in der Tat, Dorli hält die Ihren zusammen, doch sie stellt ihre Umwelt oft vor erstaunliche Situationen und schwer zu meisternde Erziehungsprobleme. So spielt sie die Hauptrolle in dieser heiter-besinnlichen Familiengeschichte.